「やさしさ」の教育

センス・オブ・ワンダーを子どもたちに

kazuo tsuyuki
露木和男

東洋館出版社

はじめに

学校は、本来子どもの「幸せ」のために存在するものです。しかしながら、学校を幸せな場所だと感じることのできない子どもが大勢います。一体どのくらいの子どもが、学校に通うことで苦しみを味わっているのでしょうか。

大学の授業で、小学校の先生を志望する学生さんと共に「学級崩壊」について考えたことがあります。

授業中に立ち歩く、物が飛ぶ、数人の子に学級が支配されている…こんな状況が全国の小学校で現実に起こっています。先生を無視したり、先生の陰口を言ったりすることもしばしばです。

学級崩壊は、明らかに「現象」です。すなわち、実際に起きている出来事であり、その背景には原因があります。根本的な病があり、そこから引き起こされる現象なのです。

似たようなことを、私自身も経験したことがあります。そのときのことを振り返って、私は学級崩壊を次のように定義しました。

「教師と子どもの間に信頼関係が失われ、長期にわたって教育活動が機能しなくなっている状態」

これは、どんなベテランの先生のクラスでも起こりうることです。指導技術が多少あったとしても、いつ学級崩壊になってもおかしくないのです。

根本にあるのは、教師と子どもの信頼関係の喪失にほかなりません。子どもが教師を信頼しないだけでなく、教師も子どもを信頼していないという状態です。

教科の内容にいくら詳しくても、この状態になったら何の役にも立ちません。

「信じること」と「頼りにされること」

教師と子どもの信頼関係がなくなったとき、教育は機能不全に陥ります。これは、教師にとっても子どもにとっても不幸なことです。

この「信頼」について考えてみました。

年に数回、特定非営利活動法人くだかけ会の代表である和田重良先生から、自然観察会の指導を依頼されます。毎回、幼児からお年寄りまで幅広い年代の人たちが集まり、一緒に南足柄の里山を歩きます。もう十年以上も続いている観察会です。

和田先生は、この観察会をことのほか楽しみにしてくださり、そして終わった後はいつも「楽しかった」と、ご自身のブログに綴ってくださいます。

十数年前、この観察会が始まった頃のことを思い出します。

当時の私は、観察会で指導させていただくことを、少し荷が重いと思っていました。そして、いつも自分の実力不足を感じていました。きちんと下見をしていても、当日はどうしても思うようにできなかったので

す。でも、何回か続けていくうちに、未熟なりにも私なりの観察会ができるようになってきました。

私なりの観察会というのは、次のようなものです。

①草花遊び、ものづくりなど、参加者が体を使って表現できるものを何かしら取り入れる。

②時間内に終わるように、何をメインに観察するか、どこで何を話題にするか、あらかじめ想定しておく。

③見て終わりではなく、よく見ることで発見が生まれるようにする。

④偶然の発見を楽しむ。参加者が発見するものを一緒に楽しむ。

観察会の根底にあるものは、自然の素晴らしさや不思議さを一緒に楽しむということです。知らないことを発見したときの驚きは、感動につながります。たとえ聞かれて答えられないものがあっても、まったく構わないのです。

和田先生は、私の自然観察会が楽しいと「信じて」くださっているのがわかります。それは、観察会を始めるようになってから一貫して続いていることです。

ここに、私は人が育つ大きなヒントが隠されているように思えてなりません。それは、「信じること」と「頼りにされること」なのです。

子どもを「信じる」と言ったとき、それは条件付きであってはなりません。「〜だったら信じる」のではなく、無条件で信じるということです。結果がどうであれ、揺るぎなく信じることです。「やっぱり楽しかった」という和田先生の言葉は、たとえ私自身の自己評価とは違っていてもありがたいことです。心からやってよかったという気持ちになります。

子どもも同じです。親や教師に信じてもらえることが「安心感」や「取り組む意欲」となって、内から湧き上がってくるのです。そして、その信頼にふさわしい人間になろうと、さらに努力を重ねていくのです。

子どもは「頼りにされること」を誇りに思うものです。教師に何かを頼まれたとき、「私を見込んでくれている」と感じ、喜びを味わうのです。

私の場合も、和田先生に頼りにされているという実感がありました。それは私にとって、意気に感じることでした。

しかしながら、似て非なるものもあります。いわゆる、子どもに過剰な期待をかけることです。子どもにとって、その期待は重荷にしかなりません。

何が違うのでしょうか。

過剰な期待の裏にあるもの、それは子どもへの信頼ではなく、むしろ疑いというべきものでしょう。信じているポーズをとっているにすぎないのです。大人の密やかな操作主義を、子どもは敏感に感じ取ります。

疑いもなく「信じること」、それによって「頼りにされること」、この関係性が「信頼」と呼ばれるものだということに気づいたのです。

「知」の周辺で「心」と向き合う

自然観察会で生き物に触れ、何かを知るという「知」の周辺には、このような人間の「心」が満ちています。本来、私たちが「知」につながるときは、無数の「心」と向き合っているのです。

このことに気づいたとき、現代の学校が抱えている病が見えてくるような気がしました。そして、今の学校の在り方では、子どもは幸せになれない、とも感じたのでした。

私は小学校の教師を37年間勤めてきました。その歳月を振り返ると、慙愧《ざんき》に堪えない思いとともに、子どもが学ぶことの意義を改めて考えずにはいられません。そして、得た結論は、教育は、とりわけ私が中心に実践してきた理科教育は、子どもの「やさしさ」が育つものだということです。道徳ではなく、理科で子どもの「やさしさ」が育つというと、多くの方は怪訝《けげん》な顔をされるかもしれません。

誤解を恐れずに言えば、例えば子どもが磁石を学ぶのは、磁石について詳しくなるためでもなければ、資質・能力を身につけるためでもありません。磁石を媒介にして、先生と子どもが仲良くなり、子ども同士が仲良くなるためです。仲良くなるというのは、やさしくなることなのです。

どうしてそのように考えるようになったのか、どのような授業で「やさしさ」が育つのか、本書を通して、私の思いを汲み取ってくだされればうれしいです。

もくじ

第4章 「やさしさ」が育つ理科の授業

第6章　日本の教育はどこに向かうか　147

第1章

「やさしさ」とは何か

小学校の理科の授業で私が本当に大切にしてきたことは、もしかして、子どもの中にある「やさしさ」を引き出すことだったのかもしれないと思うようになりました。人間の進化の方向として教育が目指すものは、この「やさしさ」だということに気がついたのです。

1　見えないものを見るために

人間の成長というのは、「見えないものが見えてくること」だと言います。理科が対象としている自然事象も、その関係や変化などは、私たちの目には見えないものがほとんどです。

子どもが学ぶというのは、目に見える現象の奥に潜むものを見ようとすることなのかもしれません。そのプロセスこそが、子どもの成長です。

そして、究極の目に見えないものは何かというと、それは人間の心です。人間の心が見えてくるようになることが成長であるならば、私たちが学ぶのは、「理解する」「わかる」というよりも「感じる」「共感する」ことに近いと言えます。「共感する」ということ。それは、相手の痛みや喜びなど、その気持ちに寄り添い、思いやることです。

詩人の金子みすゞさんは、そういう目に見えないものが見えていた人なのでしょう。

蓮と鶏《とり》

泥のなかから　蓮が咲く。
それをするのは　蓮じゃない。
卵のなかから　鶏がでる。
それをするのは　鶏じゃない。
それに私は　気がついた。
それも私の　せいじゃない。

私たち人間の世界は、相手の立場に立ちながら「仕事」を生み出してきました。

諸説ありますが、「働く」の語源は「傍（はた）を楽（らく）にする」ことだと言われています。すなわち、仕事とは「周りの人が助かる」ためのものであるということです。私たちが着ているもの、食べ物、道具など、身の回りにあるものはすべて誰かの手によってつくられ、流通され、様々な人の手を渡って、ここに存在しています。相手への共感の心が底に流

れていなければ、どの仕事も勤まらないのです。

「共感」は相手に求めるものではありません。相手に求めた途端、相手を支配しようとする欲求に変わってしまうのです。時に人間は、他人を自分の都合のいいように操作し、その意図に沿って相手が動いてくれたとき、その相手を「やさしい」と評価する傾向があります。それは、本当の「やさしさ」と言えるものではありません。

そもそも、本当の「やさしさ」とは一体何なのでしょうか。

それは、「成り立っていること」がわかるようになることです。すなわち、無数につながっている私たちの存在を「そう成り立っている」という「つながり」で見ようとすることなのです。

子どもの頃に自然にかかわる体験が大事なのは、その「成り立っていること」を体験的に、直観的にとらえることができるからだと私は考えてきました。自然についての何がしかの知識を得ようとするのではなく、自然の懐に入り、対象とつながり、一体化できたとき、独特の感覚を味わいます。それが「共感」というものの本質であり、「やさしさ」なのです。

下の写真は「モズのはやにえ」です。モズは捕らえた獲物をすぐに食べずに、木の枝に突きさしておくという習性があります。そのまま放置して、結局食べないことも多いようです。

この現象だけに目を向けると、なんて残酷なことを、と思うでしょう。しかし、これはモズの本能に基づいた行動であると考えられています。どうしてこういうことをしたのだろうと考えることで、見えないものを見ようとすることにつながります。

1年生のある女の子は、「奥さんへの餌のプレゼントのため」と答えました。素敵な答えです。

その左の写真は、ウスタビガの繭です。私は、この美しい繭が大好きで、冬になると散歩をしながらよく探しています。蛾の幼虫がこのような芸術的な繭をつくることに驚嘆せずにはいられません。そして、自然に対して、つつましくな

らざるを得ないと感じるのです。

これからの理科教育で本当に大切にしたいこと、それは自然を対象にしながら、子どもの「やさしさ」が育つ場を生み出すことではないかと思うのです。

2　心を込めて生き物を育てる

3年生でアオムシを飼っていたときのことです。ある子が次のような日記を書いてきました。

わたしのアオムシ　　3年　S・N

おととい、私のアオムシをみたら、へんな、茶色っぽいナメクジのかわいたようなのがいっしょに入っていた。アオムシのてきで、悪い虫だと思い、わたしはおどろいてひめいをあげてしまった。そうしたら、そばにいたKさんが、「これ、モンシロチョウのさなぎだよ」と教えてくれた。わたしは、「へえー、これがモンシロチョウのさなぎなんだ。幼虫とはぜんぜんちがうなあ。どうやって変化してこうなっちゃったのかな」とふしぎでたまらなかったので、家に帰ってから図かんをみてみたら、こう書いてあった。

「さなぎになるための糸かけが終わった幼虫は、せなかから皮がやぶれ、さなぎになる」

わたしはどうやって皮がやぶれるのだろう、と思った。自分の目でみてみたい。皮をぬぐとき、ザリガニのときのようにしっぱいすることはないのかな。それに、幼虫の時にも何回もだっぴしているらしい。大きくなっていくのがはやいので、どんどん新しい皮にしていくのだと思う。

セミのぬけがらは知っているけど、モンシロチョウのぬけがらはしらない。さなぎのからはどうなってしまうのかな。

Nさんは初めて見たさなぎを「茶色っぽいナメクジのかわいたようなもの」と表現しました。心を込めてアオムシをお世話し、その成長に驚き、感動しているからこそ、このような表現が生まれるのだと思います。まさに、アオムシを媒介にして、Nさんが「育っている」のです。

小学校の理科では、子どもが生き物を育てるという場が多くあります。改めて、このことの重要性を感じます。私は、次のような意義があると考えているのです。

①対象との関係をつくることができる

私とあなた、IとYOUの関係をつくりだすことができます。HEやTHEYではなく、かけがえのない「私」と「あなた」という関係が生まれます。よく子どもが自分の飼っているアオムシに名前をつけるのは、そのような特別な関係ができたからなのです。

②生命のドラマに立ち会うことができる

生命の本質とは、「飛躍」です。卵が幼虫になる、幼虫がさなぎになる、さなぎがチョウになる。それぞれの瞬間には、その本質が立ち現れます。生命のドラマを目撃することができるのです。

③利他の喜びを実感することができる

アオムシのために糞を掃除したり餌をあげたりする行為を通して、他のものに尽くすことの喜びを感じることができます。さなぎになった、チョウになった、このような場面で自分のことのように大きな喜びを味わうのは、この「お世話」という行為があったからこそでしょう。

④成長するということに無条件の喜びを感じることができる

アオムシの成長とともに、自分自身の成長に対しても喜びを感じることができます。大きくなった、何かできるようになったという自分の成長を、アオムシの成長に同化しているのです。

⑤死に向き合うことができる

誰もが死から逃れることはできません。心を込めてお世話をしていても死ぬことはあります。死に向き合うことが生を考えるきっかけを生むのです。

これらは総じて、子どもがアオムシとつながり、一体化する過程で起こることです。目の前のアオムシが何を欲しているのかを読み取ろうとする経験から、相手の気持ちを考え、理解しようとする共感能力、すなわち思いやりを育むことができるのです。

生き物が成長する過程には順番があるという知識は、結果として身についていきます。新しい学習指導要領で大切にしている「資質・能力」も、あくまで結果として身についていくのです。何よりも、お世話をすること自体に子どもが「育つ」場が豊富にあるからこそ、理科の授業で子どもが心を込めてアオムシを飼うという経験を重視したいと私は考えます。夢中になって対象に向き合う場をつくれば、子どもの「やさしさ」は自ずと育つのです。

3 「育てる」から「育つ」へ

研究会などでよく見る指導案からは、「～をさせる」「～を育てる」という表現を多く見かけます。そこに、「こうすれば、こうなるはず」という抜きがたい子どもへの操作主義が隠されていることに、教師自身は気づいていません。教師の思い通りに子どもを「育てる」ことなど、本来できるはずがないのです。

子どもは、教師や親が「育てる」のではなく、自ずと「育つ」存在です。自然の中で、仲間の中で、環境の中で、子どもは「育つ」のです。そうであるならば、教師は「豊かな自然」を、「よい仲間」を、そして「温かな環境」を用意することしかできないのではないでしょうか。でも、それが難しいのです。

ずいぶん昔になりますが、ソニーの創業者の一人である井深大氏にインタビューをさせていただいたことがあります。そのとき井深氏が語った言葉が、今でも強く心に残っています。それは、「磁石の勉強をするのは、磁石について詳しくなることではないのですよ、先生と子どもが仲良くなることなのです」というものでした。磁石の勉強が子どもにとって楽しくワクワクするものであれば、確かに先生を好きになるし、仲間とのつながりも強くなっていきます。その通りです。この追究のプロセスでは、資質・能力を必要とする場もあるでしょう。子どもが潜在的にもっている力として働かせる場があるというだけで、資質・能力を「身に付けさせる」ことを目的にするわけではないと思うのです。

しかし、「知識及び技能」「思考力・判断力・表現力等」を学力とみなし、その学力をペーパーで測り競っているのが現状です。

教師と子どもが心つなぐこと、仲間が互いに心つなぐこと、その中核に授業があるのだと私は考えています。

日本の学校現場は、このような考えからはまだまだ程遠いものであると感じています。しかし、これが私の考えている教育の方向であり、少しでも現状を変えていきたいと思っているのです。

第2章

子どものセンス・オブ・ワンダー

レイチェル・カーソンが提唱した「センス・オブ・ワンダー」。そのメッセージは、現代にも語り継がれています。子どもの中にある「やさしさ」を引き出すために、このセンス・オブ・ワンダーが鍵となるのです。

1 「発見ノート」に表れる子どもの感性

多くの授業研修の場で、子どもにとってセンス・オブ・ワンダーが大切だと言われるようになってきました。「神秘さや不思議さに目を見はる感性」と訳されるこの言葉が、教育の世界で市民権を得ているようでうれしく思います。

私はセンス・オブ・ワンダーを語るときに、子どもの日記を紹介してきました。

例えば、次のような文章です。

ぼうふら　　2年　S・F

きょう、うちのうらにある大きな水がめに雨水がたまり、かがたまごをうんでぼうふらが生まれていました。見ていたら、おもしろいうごきをしていました。水がめのそこのほうからくねくねと水面におよいで上がってきます。しっかり上にでてきたらそれから一度くねっとおどってすーっとしずんで下にもどっていきます。それはどういうみなのかな。よくみると上に上がったとき、あわみたいのを出していたから、いきをしているんだと思いました。お母さんに話したら、早く水がめをひっくりかえして水をすてなさい、と言われました。でも大きすぎてできませんでした。

あるとき、大学の授業でこの文章を紹介したら、教室にふっと静寂が走りました。「この静けさは何?」と疑問に思いましたが、すぐに事態がのみ込めました。これはすごい文章だと、誰もが感じたのです。

さらに、次の文章を紹介しました。これは、子どもの日記に対して私が感じたことを綴ったものです。

少し古くなった木造平屋建てに住んでいるFさん。裏には昔からある水がめがある。使われなくなった大きな、といっても子どもの目線でみる「大きな」は大人にはそう大きくはないかもしれない。高さ50センチくらいだろうか。庭木のたくさんある昔ながらの庭に水がめが置かれている。ふとその中をのぞいたFさん。中にくねくねと動いている「ぼうふら」を見た。Fさんは「ぼうふら」をいつ知ったのだろうか。蚊の幼虫であることをどこで覚えたのだろう。ぼうふらを見ていて、その動きに強い興味を覚えたFさんは観察を始める。

「水がめのそこのほうからくねくねと水面におよいで上がってきます。しっかり上にでてきたらそれから一度くねっとおどってすーっとしずんで下にもどっていきます」

すごい観察力である。そして素晴らしい表現力だと思う。科学はこのような丁寧な観察から生まれる。「泡を出した」という観察から「息をした」と考察している。これまで自分が水泳をした経験などが生きているのかもしれない。このような考察ができることにFさんの知的センスを感じる。

Ｆさんは自分が見た感動を、母親と分かち合おうとする。「見て見て！」と言いたかったに違いない。けれども、世の常ではあるが、母親は娘の感動に共感することはなく、「水を捨てなさい」と言う。子どもはめげない。そういうものだとどこかで諦観しているようにも見える。

言われた通りに捨てようとするが、水がめは重すぎて動かなかった、というオチまでついて、この日記は終わる。

子どもの素直な日記を読み、子どもの可能性に心から感動した。

そして、私はここにＦさんの「センス・オブ・ワンダー」を感じる。


私のクラスでは、「発見ノート」という日記をずっと続けてきました。子どもたちが発見したこと、面白かったことなどを素直に綴り、私はその日のうちにコメントを返します。そして、面白いと思ったものは、帰りの時間などに紹介します。できるだけ順番に、全員の日記を紹介できるように気を配らなければなりません。子どもはみんなの前で紹介されることに大きな喜びを感じるからです。

ウサギの骨

6年　E・F

今日は、まおっことしーさんと帰った。しーさんが飼育委員だったので、ウサギの骨を調べることにした。

ウサギも実験台にされるのは嫌らしくあばれていたものもいた。やっぱり、うさぎも人間と同じようなものである。

足には足の形の平たい、つまんでしまいそうな骨がある。顔なんかはさわれないのでよくわからなかったけど、やっぱり頭がい骨があるんだと思う。よくさわってたしかめられなかったのだけど、せ骨なんかもあるのだと思う。そして、同じようにごりごりがあったからろっ骨もあった。おしりのあたりにもごりごりがあったけど、ここは人間のどの部分にあたるのかがよくわからなかった。何か、そこまでウサギを見つめると、かわいいとか、そういうのだけではなくて、何か、人間と同じような骨があって、同じように生きているんだ。みんな仲間なんだなあ、と思えてくる。骨によって体が動いて、生き生きといられるってすごくすてきだなあと思う。

６年生の理科では、「人や動物の体」の学習をします。骨や筋肉についての学習が、Ｆさんの発見ノートに生きているのです。それは、骨や筋肉がどうなっているかという知識だけではなく、その働きの素晴らしさを「感じる」ということです。そして、ウサギと自分は同じであるという感覚をつかんでいるのです。

私は、この文章を読んで本当に驚きました。子どもの感性というのはすごいものです。ウサギの体を触って、人間と同じように生きていること、「生き生きといられる」ことの素晴らしさを胸いっぱいに感じることが、何かを「知る」ことよりもはるかに大切なことのように思えてなりません。

センス・オブ・ワンダーは、何でもないありふれた自然事象に対して、「面白い！」と感じることです。発見ノートを読めば、子どもにはその感性がもともと備わっているということがよくわかります。

さんま　　　　　　2年　Y・S

きょうの夕ごはんのとき、さんまがでた。やくまえに、テーブルの上においてありました。そのさんまの色は、せなかの方はこい青で、おなかの方はぎん色だった。刀みたいだった。
お母さんがさんまという字は、秋の刀の魚とかく、と教えてくれた。だれかが、夜にさんまをふりあげたらきっと刀とまちがえてしまうかもしれない。

子どもがさんまを目の前にし、想像を巡らせている光景がありありと目に浮かびます。このような文章は大人には書けないかもしれません。「夜にさんまをふりあげたらきっと刀とまちがえてしまうかもしれない」などという想像力に、私などは舌を巻きます。まるで赤毛のアンのようではないですか。

お風呂の波と海の波

２年　Ｙ・Ｙ

お風呂でばた足の練習をして、止めると波が立ちます。波は、右とひだりがけんかして、体当たりをしているみたいに見えました。海の波は風でおきるけど、風呂の波は人の振動でおきるのだと思います。海の波は、タイミングがいいので一回ザバーンときて20秒ぐらいだとおぼえれば、波時計ができます。だけど、お風呂の波はそういうわけにはいきません。人の力でおこした波はすぐにおさまってしまうからです。

大人の誰が「波時計」などを思いつくでしょうか。私は、このような子どもの文章に出会うと、楽しくて思わず一人で笑ってしまうのです。

4月26日

カラスノエンドウ

W・S

この前、理研に行ったとき感動したことがたくさんあった。何かというと、理科の授業で覚えた草花があちこちにたくさん咲いていたからだ。その草花は、①オオイヌノフグリ　②タチイヌノフグリ　③キュウリグサ（この匂いにはお母さんも感動していた）　④ホトケノザ　⑤ヒメオドリコソウ　⑥オニタビラコ　⑦タビラコ　⑧カラスノエンドウ　……⑱ハナニラ　⑲スギナ　⑳ツクシ（スギナの中にまだツクシが残っていた！）

特にぼくが感動したのは、一面にピンクのお花畑だと思って近づいたら、なんとピンクの花の正体とは…一面のカラスノエンドウのお花畑だったのだ。しかも、そのカラスノエンドウにはえんどう豆みたいな実ができていた。

そこでその種を山ほどとってYさんとEさんとで「ずんだ」を作った。

（本文中の呼称は筆者による）

何と楽しそうなのでしょう。何と輝いているのでしょう。理科の授業で教わった野草を確かめ、「ずんだ」をつくろうとしている、その行動力に驚きます。しかしながら、面白いことを徹底的にやってみるという好奇心は、本来どの子どもにもあるのではないでしょうか。

私自身、小学校に入る前の頃、砂場で山をつくり、溝を掘り、城をつくって遊んでいました。ジオラマのようなものをつくるのが好きでした。そして、近くにいたコオロギをつかまえ、城の中に入れるのです。時間を忘れるほど、「コオロギ王国」で遊んでいたことをふと思い出しました。

4月28日　　　　　　　匂い　　　　　Y・N

きょう学校の帰りにキュウリグサを3本つんで電車に乗った。電車に乗って3本のキュウリグサをよくもんだ。1本目のキュウリグサはキュウリの匂いがした。2本目のキュウリグサは汗臭かった。なぜかというとずっと手に持っていたからだ。もう一度よくもんでみたら、汗とキュウリの匂いがまじって、キュウリを塩に漬けた匂いがした。3本目のキュウリグサはちょっと汗がまじって、キュウリを塩水につけて出し、しぼったときの匂いがした。たった3本の花に違う量の汗が付いただけで匂いがちがってきました。それがなんだか不思議です。

3本のキュウリグサの匂いをかいだだけでキュウリがすこし食べたくなりました。

この時期の子どもは、「近感覚」を多用します。触覚、嗅覚、味覚など、直接触れることによって認識する感覚です。このような感覚を使うと、生涯忘れることのない長期記憶として脳に残ると言われています。

そうであるならば、この時期の「遊び」がいかに大切なものなのかわかる気がします。近感覚を使った遊びの体験が、子どもたちにとって大きな意味をもつのです。

子どもの遊びの多くは、一言で言えば「見方の変換」です。たった一枚の葉が、きつねになったり笛になったりするという「見立て」は、大人にはなかなか真似できないことです。自由に想像の翼を広げる遊びは、子どもの生活の充実を表しているのです。

現代の子どもたちは、この遊びの体験が少なくなっているのではないかという気がしてなりません。

カ　　4年　Ⅰ・A

きょう、ぼくは力がうでに止まりましたが、叩かずに観察してみました。すごい長い間、うでに止まって血を吸っていると、おしりの部分が赤く大きくなってきました。これは、血を予想以上に吸ったので、血がおしりのところに入りきらなくなったんだと思います。

その後、力は多い荷物をかかえたようにゆっくりと飛んでいきました。だんだん、うでがかゆくなってきたような気がしました。

蚊が血を吸うのをじっと見ている子どもの様子が目に浮かびます。ちょっとした見方の変換によって、蚊に刺される体験も面白い体験に変わってしまうのです。ユーモア溢れるこの文章を読んで、私は、ある日の電車での出来事を思い出しました。

その朝、電車に乗っていると、目の前の座席が一つ空いていました。そこに一人のおじさんが座りました。すると、隣の席の人は、その座り方が気に入らなかったらしく、睨むような顔をしたのです。どっちもどっちだと、私は思いました。おじさんもちょっと一言かけて座ればいいものを、乱暴に座るものだから、隣の人の背広をおしりで踏んでしまったのです。また、隣の人もあからさまに嫌な顔をせずに、少し詰めてあげればいいものを、と思いました。

要は、「感じ方」次第なのです。嫌だと感じるのも自分。楽しく感じるのも自分。

Aくんの文章から、たまには蚊に刺されるままにして、それをプラスに感じている「主体」というものを見いだすことができます。

2 子どもの文章の奥にあるもの

発見ノートには、みずみずしい子どもの感性がそのままに表れます。だからこそ、もっともっと読みたいという気持ちになるのです。

さらに、子どもの文章をそのまま読むのではなく、その奥にあるものを読んでみたいと思うようになりました。言い換えれば、教師の「解釈」です。その解釈には、次のような方法があります。

①補って読む

子どもが十分に表現できていない部分を補って読む、という方法です。子どもは常に完全な書き方をするとは限りません。むしろできないことが多いのです。思うことをそのまま忠実に表現することができず、もしかすると子ども自身も悶々としているかもしれません。そんなときに「この子はこういうことを書きたかったのかもしれない」と教師が推測して補ってあげます。

②価値を洞察する

子どもの文章に隠されている真の意味を洞察する方法です。子どもが書いたものにはもっと奥深いものが潜んでいる場合があります。さらに発展していく可能性を秘めているのです。教師には見えるが子どもには見えていないという場合、教師がその文章の本当の価値を示してあげます。

③子どもを知る

子どもの文章から、その子どもの「考え方や価値観」をとらえようとする方法です。子どもの表現には様々なメッセージが込められています。何気なく書いたことに、その子のもっともその子らしい部分が出ている場合があるのです。子どもの表現の奥にある「生き方」を見取り、その子をより深く理解しようとする方法と言えます。

④授業に生かす

子どもの文章を直観的に理解し、それらを統合し、授業の流れを作っていくことです。子どもの思考の枠を大きく見ていく方法と言えます。そこには、教師一人一人がもつ独特の解釈が生かされるように思います。

例えば、次のような子どもの発見ノートがあります。

> 粒がアルコールの火によって、温められて小さな粒をいっぱい集めて、それで温かくなると、破裂のようになって温かくなる。話は変わるけどパスタをつくると

き、木のはしでつくると熱くないけど、スプーンを使うと熱くなるので、きっと木には粒が少ないので、温かくならず燃えてしまうのだと思う。

木でつくられた箸は粒が詰まっていない、だから熱が伝わりにくい。鉄は詰まっているので伝わりやすい。熱の粒が次々に破裂するようにして移動していく、というイメージです。

このイメージは、ものを燃やすときに火が次々に燃え広がっていく様子から生まれたのでしょう。

熱は増えるのではなく「伝わる」が正しい！　アルコールランプ自体に熱があるわけではなく、火がついてからこそ「熱」。もしかしたら水も同じ？　でも本で読んだ時には上から熱くなるって聞きました。

この子も、物に伝わる熱をイメージしています。しかし、本で読んだ水のイメージが自己矛盾を起こしているのです。水が離れたところから温まるのはどうしてなのか、わからなくなっています。

6年生のTくんは知識も豊富です。燃えるときに酸素を使って二酸化炭素を出す、人間も動物も二酸化炭素を出すということを学んだときのことです。

Tくんはこんな発言をしました。「そんなに酸素を使っていたら、酸素は地球上からなくなってしまう。植物は、酸素をつくっているのではないかな。そういうことを聞いたことがあるよ。だから森林など守らなければならないって」

他の子も「そう言われればそうだ」と気がつきました。そして、種子の発芽の条件であった「空気」は一体何だったのだろう、酸素ではなく二酸化炭素ではないか、と考え

ました。わずか0・03%であっても、空気中のその少ない二酸化炭素によって酸素をたくさんつくってくれている、と考えたのです。

Tくんの発見ノートには、次のような文章がありました。

植物はなぜ二酸化炭素を吸うのだろう。また、植物は、人間の口や鼻などの呼吸をする穴らしきものはどこにも見当たらないが、一体どこで呼吸をしているのだろう。

実験装置

①ろうそくを集気瓶のなかで燃やして酸素を減らす。

②その中で、種が発芽するかどうか調べる。

Tくんは、種子が必要な空気は二酸化炭素であると考えています。しかし、その二酸化炭素を植物はどうしようとしているのか、その奥まで考えています。

5年生で学習した「種子の発芽」。この実験をやり直す必要性を感じました。種子の発芽で必要な「空気」は酸素なのか、二酸化炭素か、それとも空気全体なのか、という問題が切実性をもって迫ってきたのです。

酸素であれば、燃やすことで光というエネルギーを得ることができます。人間であれば、血液の中で養分と結びついて熱などのエネルギーに変えることができます。

植物は、二酸化炭素をどう変化しようとしているのかという問題を感じているのです。

「ものの燃え方」の授業からいつの間にか「植物の成長」に変わっていることについて、ある子が発見ノートに「先生の授業は、次から次に区切りをつけてやるのではなく、自然に流れていくので楽しいと思った」と書いていました。

発見ノートは、一人一人がすべて違う感想を書きます。だから読んでいて面白いのです。子どもの息遣いをそこに感じるからです。

今、多くの学校では「ワークシート」が主流になっていて、子どもたちは「予想」

「結果」「考察」など、どの子も同じようなことを書くのがいいという風潮があるように感じます。一人一人が違うものをつくっていくというノートの意義を考えていきたいものです。

3　仲間の中でこそ感性は磨かれる

発見ノートは、授業の中で子どもが何を感じ、何を考えているのかなど、子どもを理解する機会にもなります。

次の文章は、「水中の小さな生き物」の学習の様子を書いたものです。

いつもとちがう友だち　　S・D

きょうの理科で微生物について話し合いました。いくつかのグループでやりました。僕は「ケンミジンコの動き方」のグループです。その話し合いのとき、僕も意見を言えたのだけど、自分の考えとはだいぶ違った意見をみんなが出してくれたので、考えも少し変わったりしてとてもよかったです。

　話し合いの内容は、頭の「ひげ」は何のためにあるのか、ということです。僕は泳ぐ（前進）ためではないかと言いました。すると、Nくんは、「方向を変えるのではないか」という考えでした。Sくんは僕と同じでした。

　Jくんは、「触覚でしょ、そこで何かを感じているんだよ」と言って、Fくんは「ブレーキの役目をしている気がするよ」とそれぞれ、観察をもとに自分の考えを出しました。

　いろんな意見が出て、観察してもみんなあっていそうでまとまりませんでした。結局それで終わってしまったけど、みんなと休み時間に遊んでいるときよりずっと立派に見えました。

（本文中の呼称は筆者による）

それぞれの子どもの考えを出し合いながら、対話を積み重ねている光景が見えてきます。もし、学習が一人だけで行われるのであれば、違った考えに出会うことはありません。「自分の考えが変わる」ことも、それを「とてもよかった」と思うことも、友達が「ずっと立派に見えた」こともなかったはずです。

立派に見えたのは、友達が相手の話を受け止め共感していることを感じ取ったからです。そんな友達が「大人」に見えたのでしょう。

子どもが成長していくプロセスには、このように仲間の存在が欠かせません。

子どもはひたむきによりよく生きようとする中で、仲間の考えをそれぞれに受け止め、互いに深くかかわっています。そして、自分はこう考える、という確たる考えを主張しているのです。この価値ある空間をどう創造していくか、これが小学校教師の目指すところだと私は考えています。

4　なぜ感性を磨くことが大切なのか

（1）「意義深いなにか」

レイチェル・カーソン女史は、『センス・オブ・ワンダー』（上遠恵子訳、新潮社、1996）の中でこう書いています。

人間を超えた存在を認識し、おそれ、驚嘆する感性をはぐくみ強めていくことには、どのような意義があるのでしょうか。自然界を探検することは、貴重な子ども時代をすごす愉快で楽しい方法のひとつにすぎないのでしょうか。それとも、もっと深いなにかがあるのでしょうか。

わたしはそのなかに、永続的で意義深いなにかがあると信じています。地球の美しさと神秘さを感じとれる人は、科学者であろうとなかろうと、人生に飽きて疲れたり、孤独にさいなまれることはけっしてないでしょう。たとえ生活の中で苦しみや心配ごとにであったとしても、かならずや、内面的な満足感と、生きていることへの新たなよろこびへ通ずる小道を見つけだすことができると信じます。

ここでは結局、「意義深いなにかがあると信じて」いるというだけで、こういう意義があると定義づけられてはいません。私は、カーソン女史にスパッと書いてほしかったという気持ちを抱いていました。けれども、ここには大事なメッセージが隠されていると感じるようになってきたのです。

この文章は次のように続きます。

地球の美しさについて深く思いをめぐらせる人は、生命の終わりの瞬間まで、生き生きとした精神力をたもちつづけることができるでしょう。

鳥の渡り、潮の満ち干、春を待つ固い蕾のなかに

は、それ自体の美しさと同時に、象徴的な美と神秘がかくされています。自然がくりかえすリフレイン―夜の次に朝がきて、冬が去れば春になるという確かさ―のなかには、かぎりなくわたしたちをいやしてくれるなにかがあるのです。

カーソン女史は、自然界の繰り返すサイクルの中には、私たちにとって大切な何かがあるのだといいます。

内田義彦氏の『学問への散策』(岩波書店、1974)の中に次のようなことが書かれています。それは、経済学者のジョン・スチュアート・ミルとファーブルとの親交についての記述です。

ミルは幼い頃から、功利主義に貫かれた父親によって、必要でないとみなされたものはいっさい教えず、その代わり必要であるとみなされたものは、もっとも初期からもっとも合理的と思われる方法で教えるという徹底した教育を受けたのでした。それは効果的な教育と言えるかもしれませんが、一方でミルの中にあるものを切り捨てることでもありました。ミルは、人生の半ばで「精神の危機」を自覚します。「荒涼たる砂漠のような人生」だと悟ったミルは、「価値無きもののもつ無限の価値」の存在を知るのです。そして、ファーブルによる糞転がしの記述に言いしれぬ敬意を感じるようになりました。

もう一つ、ここに暗喩されていることは、「自然」と「科学」です。それは、ミルの「科学」に対するファーブルの「自然」と言い換えることができるでしょう。

なぜ、ファーブルが日本人に人気があるのか、そして『センス・オブ・ワンダー』がなぜすっと日本人の心に入ってくるのか。それは、そのおおもとに日本人の自然観があるからではないでしょうか。

日本人にとって、古来より「自然」は限りなく人生を豊かにするものでした。必要であるかないかの問題ではなく、ちょうど芸術が私たちの生活の中に溶け込み、潤いを与えてきたのと同じように、自然もまた日本人の心の中に溶け込み、様々な様相で喜びを与えてきたに違いありません。自然に親しむことは、子ども

たちの人生を豊かにする何か、があるのです。

子どもの素晴らしい可能性を、教育が摘み取っているのではないか。将来のためと言いつつ、子どもの今の幸福を奪っているという現実がおびただしく存在するのではないか。私はそんな危機感を抱いているのです。

(2) センス・オブ・ワンダーの本質

さらに『センス・オブ・ワンダー』の文章を見ていきましょう。

子どもたちの世界は、いつも生き生きとして新鮮で美しく、驚きと感激にみちあふれています。残念なことに、私たちの多くは大人になるまえに澄みきった洞察力や、美しいもの、畏敬すべきものへの直感力をにぶらせ、あるときはまったく失ってしまいます。

もしもわたしが、すべての子どもの成長を見守る善良な妖精に話しかける力をもっているとしたら、世界中の子どもに、生涯消えることのない「センス・オブ・ワンダー＝神秘さや不思議さに目を見はる感性」を授けてほしいとたのむでしょう。
この感性は、やがて大人になるとやってくる倦怠と幻滅、わたしたちが自然という力の源泉から遠ざかること、つまらない人工的なものに夢中になることなどに対する、かわらぬ解毒剤になるのです。

妖精の力に頼らないで、生まれつきそなわっている子どもの「センス・オブ・ワンダー」をいつも新鮮にたもちつづけるためには、わたしたちが住んでいる世界のよろこび、感激、神秘などを子どもといっしょに再発見し、感動を分かち合ってくれる大人が、すくなくともひとり、そばにいる必要があります。

私の理科教育の原点はここにあると思っています。自然への不思議さや楽しさ、美しさ、面白さなどを、子どもと分かち合うことが自分の喜びでもあると感じていました。
では、どうすればそのような自然の素晴らしさや不思議さに気づき、また、感じることができるのでしょうか。

私自身の一つの体験を例に考えてみたいと思います。

随分昔になりますが、四国の中央構造線に位置する土居三山の一つ、東赤石山（標高1706メートル）に登ったことがあります。片道4時間の険しい山にもかかわらず、そしてひどく疲れたにもかかわらず、魅了してやまない何かがある不思議な山でした。

登山の途中、結晶片岩に含まれる鉄分の鈍い輝きを放つ石があちこちに転がっていました。

別子銅山のすぐ近くまで来ていたのです。この辺りには別子銅山をはじめとして多くの鉱山があります。銅だけでなく、多くの種類の鉱物を産出するのです。伊予西条市にある市ノ川鉱山もその一つです。

実はその前の日、この市ノ川鉱山にも行ったのでした。めあては「輝安鉱《きあんこう》」です。輝安鉱は世界的に有名で、鉱物界のスターとも言える存在です。それがこの市ノ川鉱山から出ているのです。

市ノ川の公民館に大きな結晶が展示されていました。見るだけでもため息がでるような素晴らしい結晶です。公民館から歩いて数分の場所にある山の中のずり（鉱山の採掘後に放置された石）に行き、ハンマーで石を割ります。展示されていたものとは比べものになりませんが、何とか輝安鉱が採れました。きらきらと輝く輝安鉱の結晶を自分の手で採ることができたのです。「おおーっ！　何、これー！」と、思わず声が出ました。持ち帰るのに重くても、まったく苦になりません。

中央構造線は、数千万年前にできた世界でも類を見ない大規模な断層であり、多くの熱変成を受けています。東赤石山の頂上付近は、橄欖《かんらん》岩の赤い岩が剥き出しになっていて、荒涼たる情景が広がっています。橄欖岩の中に含まれる鉄分が酸化されて赤くなっているのです。一種独特の景観がぱっと視界に現れます。

登山を案内してくれたNさんは、「自分の人生があと一週間で終わるなら、この山にもう一度登るでしょう」と言っていました。それは、私に「死のきわみで人間はどう生きるか」について考えるきっかけを与えてくれました。

あと一週間しか生きられないとしたら、私はどうするか。

私も答えました。「もう一度石垣島でダイビングしてみたい、あるいは三ツ峠のレンゲショウマを見てみたい」と。

しかし、本当に自分はそうしたいのだろうか、という思いが同時にありました。

あと一週間しか生きられないとしたら、おそらく見るもの聞くもの、身の回りのいっさいのものが、今と同じではないような気がするのです。そして、歩くこと、話すこと、用を足すこと、すべての日常の生活がいとおしくて仕方なくなるのではないでしょうか。

また、家族のありがたさ、仲間のいることのありがたさに気づくのではないでしょうか。

当たり前の何でもない日常のありがたさ。そして、そこに価値を見いだす感性。これこそが、実はセンス・オブ・ワンダーの本質ではないかと思うのです。

これと似たようなことが、『センス・オブ・ワンダー』の中にも書かれています。

空を横切って流れる白いもやのような天の川、きらきらと輝きながらくっきりと見える星座の形、水平線近くに燃えるようにまたたく惑星…。流れ星がひとつふたつ地球の大気圏に飛びこんできて燃えつきました。

わたしはそのとき、もし、このながめが一世紀に一回か、あるいは人間の一生のうちにたった一回しか見られないものだとしたら、この小さな岬は見物人であふれてしまうだろうと考えていました。けれども、実際には、同じような光景は毎年何十回も見ることができます。そして、そこに住む人々は、頭上の美しさを気にもとめません。見ようと思えばほとんど毎日見ることができるために、おそらく、一度も見ることがないのです。

このように考えると、感性というもの、とりわけセンス・オブ・ワンダーは、何気ない日常にどうすれば価値を見いだすか、ということにかかってくるような気がするのです。

もとより、価値は気づく前に存在しているのではなく、気づくことではじめて生まれるのだと言えます。もともと価値が客観的に存在するわけではなく、それに気づき、発見することで、価値が付与されるのです。

価値あるものに気づくことによって、対象の見え方が変わります。見えないものが見えてくるとき、そこには「やさしさ」が育っているのです。


確かに石垣島の海にもう一度潜ってみたい。それほど美しい海でした。

確かにレンゲショウマをまた見てみたい。それほど心引かれる花でした。

でも、あと一週間の命であれば、やはり違います。行かなくてもいいような気がしてきました。

死のきわみで考えるということが、感性についての新たな気づきを私にもたらしてくれたのでした。

（3）「いのち」とつながること

人間が大脳を獲得したのは、数百万年にさかのぼると言われています。大脳は人間に考える力や言語をもたらしました。私たちがよく言うところの「知恵」です。

しかしながら、本来は自己中心的、自己保存的に働く大脳は、しばしば欲望となって現れます。そして、人間は悩むのです。

その一方で、私たち人間には、宇宙が始まって１３８億年の歴史の中で積み重ねてきた「成功体験」が眠っています。

和田重正氏は『もう一つの人間観』（柏樹社、１９７５）の中で、こう述べています。

しかし、ともかく私は「いのち」が自己表現の一部として生物の進化という現象を展開し、人間の段階に至ったのは、自覚ある生物の個体を地上に実現しようという意図の結果ではないかと推測しているのです。自覚ある個体というのは、個体自身が（ヒトという）種の中で（ということはやがて全宇宙の中でということにもなります）どのような意味をもった存在であるかを自ら納得している個体ということです。（中

略）

そういう回りくどい言い方をやめて簡単に言うと、「自分とはなにか」を明らかに正しく知っている生物を地上に実現しようというのが「いのち」の意図だということになります。

大脳は、その自己中心的な働きを超越し、使命感をもつようになることを目指していると言うのです。そして、私たちの体に組み込まれている１３８億年の成功体験に沿う働きをしたときに、私たちは真に「目覚めた」人間になることができるのではないか、と言います。したがって、大脳は「悪知恵」に使うためにあるのではないのです。

ここまできて、私自身、自然の神秘や不思議さに感嘆する理由がわかったような気がします。それは、

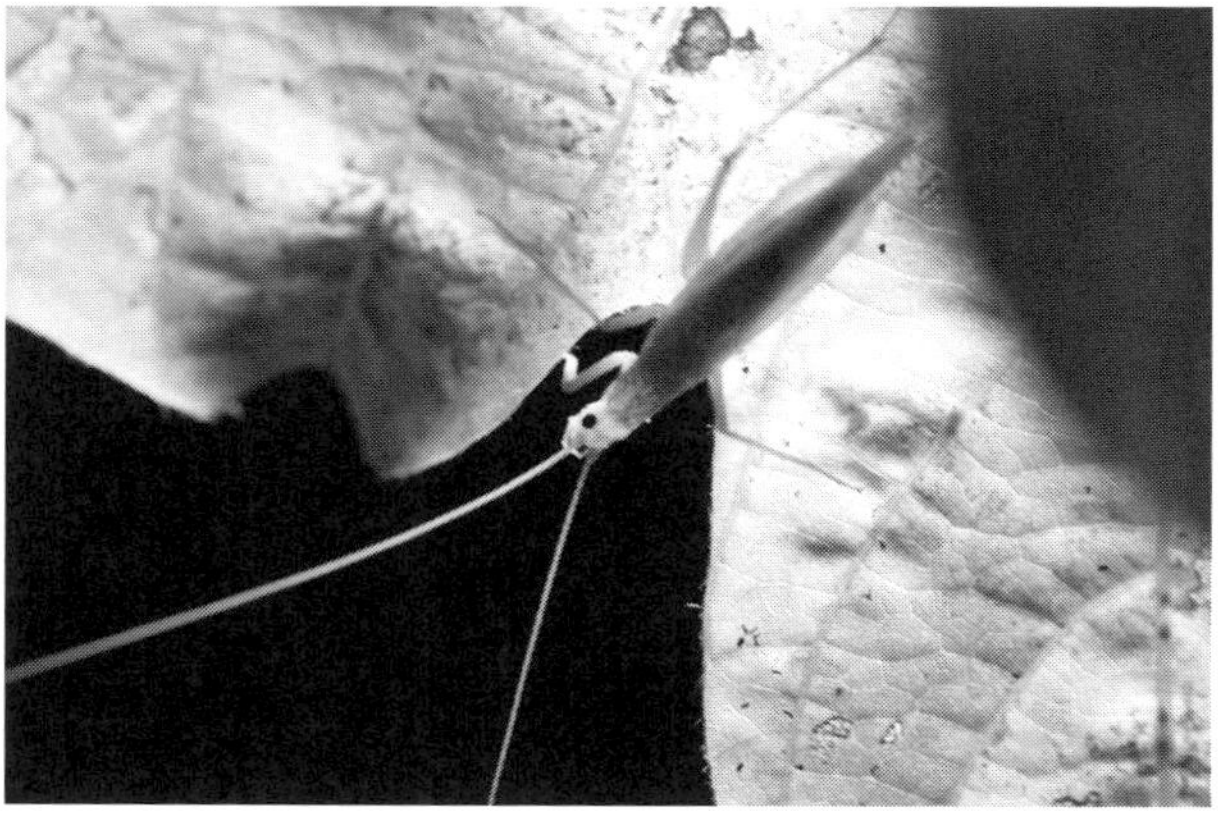

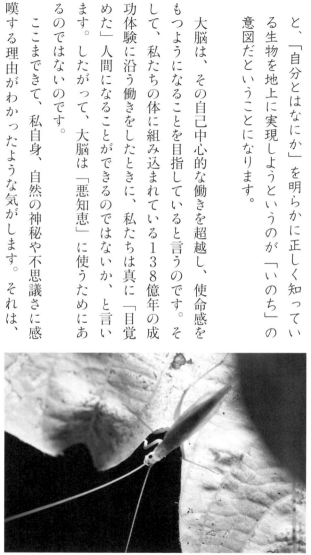

138億年の歴史をもつ自然の「いのち」と、私たちの「いのち」がつながったときに起こる「共鳴」であると。

センス・オブ・ワンダーの本質が、ここにもあるのです。

私がなぜあの山に感動したのか。それは、地球の歴史、言い換えると自然の「いのち」とつながり共鳴したという感覚がそうさせたのではないか、と思ったのです。

「子どもにセンス・オブ・ワンダーを」と言うとき、子どもが対象の本質、すなわち「いのち」につながるような授業を展開することが大切であるということです。

「いのち」は現象ではありません。現象がただちに本質であるならば、科学は不要です。本質は現象の奥にあるのです。そして、それは目に見えません。サンテグジュペリの『星の王子様』（内藤濯訳、岩波書店、2000）に登場する有名な一節の通りです。

心で見なくちゃ、ものごとはよく見えないってことさ。
かんじんなことは、目には見えないんだよ。

感性を磨くことがなぜ大切なのか、それは、何でもない日常の中にある価値に気づくこと、さらには対象の「いのち」とつながることへと導いてくれるからなのです。そして、そこに「やさしさ」が育つからです。

理科の授業では、目に見えない「いのち」とつながる経験こそが求められるのであり、それは感性に負うところが大きいのです。

第3章 子どもの「やさしさ」にふれる瞬間

子どもが自然の神秘や不思議さに目を見はるとき、子どもの「いのち」は自然の「いのち」とつながり、輝きを放ちます。仲間と共に生きることの喜びを実感した子どもたちは、「やさしさ」に溢れた姿を私に見せてくれました。

1 「いのち」とつながる子どもたち

ある秋の日、2年生のKさんは登校途中にイチョウの木の下とサクラの木の下を通りました。秋も深まっていて、道は落ち葉で埋まっています。イチョウの落ち葉を踏んで、次にサクラの落ち葉を踏んでいきます。

そのとき、ふとKさんは「イチョウの落ち葉を踏んでも音はしないのに、サクラの落ち葉を踏むとかさかさと音がする」ことに気づきます。そのことを日記に書き、私の目に触れることとなりました。

落ち葉の種類によって、踏む音に違いがある。これはKさんの感性です。これは、落ち葉というものの本質にかかわることなのです。この子は、直観的にそのことに気づきました。もっと言えば、落ち葉の「いの

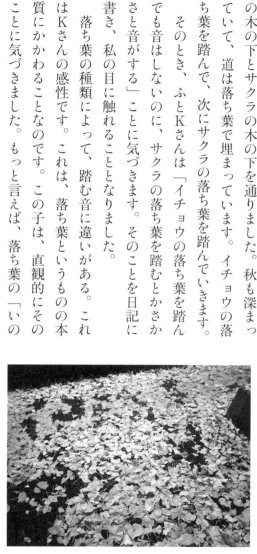

ち」とつながったのです。Kさんは、対象の「いのち」と自分の「いのち」とがつながるという感動を味わっているのです。

5年生の理科の授業のことです。グループでおもりを坂から転がして木片に当てる実験をしていたとき、Mさんがつぶやきました。

「高いところから転がしていくと、次第に勢いがついてぶつかる力が強くなるのだけど、どこでこのおもりは力を蓄えているのだろう」

Mさんは不思議だったのです。坂を転がすだけでおもりが力を得て、木片に衝撃を与えるということが。これも、Mさんの感性です。エネルギーの「いのち」とつながっているのです。

6年生で「ものの燃え方と空気」の学習を終えたSくんは、私にこう尋ねました。

「5年生でインゲンの発芽実験をしたときに、空気が必要ってやったでしょう。あのときの空気って酸素のことなの？　それとも窒素や二酸化炭素なども含んだ全部のことなの？」

この子にとって、発芽の条件の学習と「ものの燃え方」の学習は別々に存在していたわけではありません。発芽の条件である「空気」の内実を知りたがっていたのです。これもSくんの感性です。種の「いのち」や空気の「いのち」とつながっているのです。Kさんは、落ち葉の音の違いを面白いと感じ、そこに価値を見いだしました。Mさんは、転がっていくおもりが力をもっていくことに価値を見いだしました。そして、Sくんは、種子の発芽の条件である空気に価値を見いだしたのです。

2　人間としての生き方を学ぶ

子どもの心がどのように育つのか、私にはわかりません。こうすることがいいことですよ、と道徳を振りかざしても子どもの心が育つとは私には思えません。けれども、授業の中で子どもの心が生き生きと脈打っているなと感じることはよくありました。子どもの本然としての「いのち」が輝いていると思う瞬間です。子どもが何かに夢中になっているとき、子どもが対象を一心に見つめているとき、子どもが仲間のことを一生懸命考えているとき、そして、仲間で力を合わせて何かをやり遂げようとしているときなどです。そのようなとき、子どもの心もきっとよい方向に発達しているに違いない、と感じるのです。子どもの心が「よい方向に」というのは、人間としての進化を表現しているような気がしています。前章で述べたように、大脳が自己中心的な働きを超越する方向に進化しているのだという感覚です。

仲間への思いやりに満ち、心のつながりを大切にする方向に。互いに信頼し合うという方向に。文化の香りのする方向に。

ある秋の日、当時受け持っていた1年生の子どもたちと一緒に、虫捕りを楽しんでいました。まずは、学校の近くの「教育の森公園」にセミを捕りに行きました。セミの鳴き声の大部分はツクツクボウシでした。いつの間にかミンミンゼミからツクツクボウシに変わっていたのです。ついこの前まで、木の低い場所にもミンミンゼミが鳴いていていすぐにでも捕れそうだったのに、今ではツクツクボウシが高いところで鳴いているだけです。子どもたちは全く捕まえることができませんでした。私が、メスのツクツクボウシを一匹捕っただけでした。

学校に戻り、今度はバッタ探しです。講堂の裏にはとっておきの草むらがあります。

7月、3年生を連れてそこに行き、バッタやカマキリの子どもをたくさん見つけた場所です。

ところが、その場所も草が刈られていて、前ほどはいません。それでもショウリョウバッタはたくさん見つけましたし、カマキリを6匹も見つけました。見つけるたびに子どもの歓声があがります。カマキリをゲットした子に対してほかの子は羨望のまなざしを向けています。「いいなあ、いいなあ」の連発です。

仲間で虫捕りをする楽しさがここにあります。

ほぼ全員の子が、バッタなど何らかの虫を捕りました。女の子もショウリョウバッタのメスを捕まえて、その大きさにひるむことなく満足げでした。そのほかには、オンブバッタ、クビキリギス、イナゴ、コカマキリ、オオカマキリ、ハラビロカマキリなどです。

教室に戻って、私が用意した「昆虫マット」を配りました。これからしばらくの間、

虫のお世話をするためです。そのとき、ある出来事を知ったのです。

先ほどの講堂裏の草むらで、Kくんはオオカマキリを見つけました。Kくんがそのカマキリを虫かごに入れようとしたとき、逃げてしまったのだそうです。すると、たまたま近くにいたSくんが捕ってしまいました。

普通なら、ここでけんかになるでしょう。先に見つけて捕まえたKくんはそのカマキリを自分のものだと主張するでしょうし、一方、逃げたカマキリを捕まえたSくんも自分が捕まえたのだから自分のものだと主張するでしょう。どちらの言い分ももっともです。

けれども、この二人はまったくそんなけんかをしませんでした。私がその出来事を知らなかったくらいですから。では、二人はどうしたのでしょうか。

そのカマキリを互いに譲り合ったというのです。それが当然だというように。そして最後には、「このカマキリは二人で育てよう」という結論になったのだそうです。

この話を聞いて、私はすっかり驚いてしまいました。小学校1年生でも、このような解決の仕方ができるのだという驚きでした。Sくん、Kくんの素晴らしさを感じざるを得ませんでした。

この出来事の意味は大きいと、そのとき私は確信しました。カマキリを通して、子どもは学ぶ機会を得たのです。その学びは、ちっぽけな知識を蓄えるようなものではなく、もっと大きな人間としての生き方のようなものだと感じたのです。

3年生以降の理科は「昆虫の脚は6本」というような知識を重視した学習になっていきます。一方、幼児や低学年の自然体験は、3年生以降の理科における見方・考え方を身につけるための基礎や準備だと見なされがちです。しかし、そうではないのです。体験自体がこの時期の子どもの生活に輝きをもたらし、「今」を充実させているのです。

子どもたちの世界は、いつも生き生きとして新鮮で美しく、驚きと感激にみちあふれています。残念なことに、私たちの多くは大人になるまえに澄み切った洞察力や、美しいもの、畏敬すべきものへの直感力をにぶらせ、あるときはまったく失ってしまいます。

この「生き生きとして新鮮で美しい、驚きと感激に満ち溢れる」時代を、日本の教育は取り戻す必要があります。それは、大人がその気になりさえすれば、自然豊かな日本ならなおさら可能なことなのです。

3　仲間と共に生きる喜び

長い教師生活を通して、数多くの子どもたちとの出会いがあり、また別れも経験してきました。その時々の学級だよりを読むと、子どもたちの顔や学級のことを思い出し、涙が出そうになることがあります。その多くは、自分の至らなさによって学級の問題がなかなか解決できなかったことや、保護者とうまくいかずに悩んだことなどです。反対に、子どもとの素晴らしい出会いを思い返して、改めてうれしくなることもあります。

子どもたちは、仲間と共に生きることの喜びを教えてくれました。

（1）学校を休んだNくんに届いたFAX

クラスの仲間が休んだときには、隣に座っている子が電話をしてあげようというのが、私のクラスの約束でした。もちろん、ほかの友達もそれぞれに学校の様子を電話で知らせていたようです。そんな中、休んでいたNくんが元気に登校した日の発見ノートは、次のようなものでした。早退した日と休んだ日の2日間、友達のRくんから学校の様子を知らせるFAXが届いたというのです。発見ノートには、FAXがそのまま貼られていました（今の時代ではFAXはあまり使わないかもしれません）。

9月21日

Rくんからのファックス　　S・N

この2日間は休みました。休んでいるときにとてもうれしいことがたくさんありました。

いい友だちをもってよかったなあ、としみじみ思いました。21日、木曜日は早退しました。その夜に、Hさん（隣の席）から電話がありました。とてもうれしかったです。でももっとうれしかったことがありました。それはRくんが5、6時間目の内容を書いてファックスしてくれました。ぼくを電話に立たせなくてもいいように送ってくれました。（しかも金曜日にも！）とてもうれしくなりました。

Nへ
体は大丈夫ですか。
きょうの5、6時間目の内容を書いておきます。
5時間目　理科
「ホウセンカ」「ツキミソウ」の花粉をけんび鏡でみました。ホウセンカの花粉に砂糖水をつけ15分ぐらいたつと花粉から芽がでました。
6時間目　算数
テストのはんいの「アイテム」を各自で復習しました。
連絡事項は、明日、1000メートル走の選手を決めます。
以上です。

無理しないようにしてください。

S・R

（本文中の呼称は筆者による）

次の日のＦＡＸも、やはり的確に報告されていました。きっとＮくんのお母さんも、クラスの仲間の思いやりをうれしく思ったことでしょう。

(2)「いつも周りに友だちがいた」と書いたＧくん

新学期を迎え、４年３組はそのまま持ち上がり、５年３組になりました。４年生、５年生、６年生とクラス替えはありません。担任も同じです。３年間、子どもたちと付き合っていくことができます。

４年生の最後の日、子どもたちに１年間を振り返ってもらいました。成長を自覚することが、5年生になってからの意欲につながるのです。

Gくんは、次のような文章を書いてきました。私は表現の見事さを感じるとともに、この子は5年生でもまたしっかりと成長してくれるだろうと確信しました。

1年間で成長したこと　K・G

4年生になって露木先生と新しい友だちと出会って、ぼくの新しい学校生活が始まった。

ぼくはあることを知りました。それは、よくその人と話すと仲良くなれるということです。これで何人かと友だちになれました。そして、毎日楽しい学校生活が送れるようになりました。

その楽しい力がいろいろなところで発揮できました。

一つめは、運動会。リレーでみんなとのチームワークが発揮されて勝つことができました。二つめは、きょうだいタイムで、ぼくはリーダーとしてチームをまとめました。責任感をもつことができました。

三つ目は、「しかと」の劇で、たかしという役をやりました。セリフもいっぱいあって少し不安だったけど、仲間と相談しながら一つのことに向かってやる楽しさを知ってがんばることができました。

ぼくが1年間で成長したことは、何事にも一生けんめいがんばろうとする気持ちが心に宿ったことです。

気がつくと、いつもやりとげたときは、周りに友だちがいました。


なんと素晴らしいことでしょう。「気がつくと、いつもやりとげたときは、周りに友だちがいました」という最後の一行からは、言霊のようなものを感じます。

人は、一人では生きることができないとよく言われます。それは、仲間同士で互いに補い合い助け合うことで「よく生きる」ことができるという意味なのだと思います。一人でも生きることはできるかもしれません。でも、仲間がいればよりよく生きることができる、そういう意味なのです。

学級がそのような仲間のよさに触れながら成長していく場となるよう、毎日を大切にしていきたいと思うのです。

（3）「助け合い」の世界

Yくんは、ある日の体育の授業について、こんな発見ノートを書いてきました。

世界　　　　6年　R・Y

世界と言っても思い出すのは地球にあるいろいろな国のことかもしれないが、これから述べることは別の「世界」である。

きょうの4時間目の体育の授業のこと──

鉄棒をしていた。僕が空中逆上がりができないでいると、Yくんが来て教えてくれた。でもやっぱりできないでいると、次はIさんがきて教えてくれた。

僕は本当にうれしくなった。

別に優しくしてくれたことがうれしくなったわけではない。（そういう理由もあるが）

その教える、教わるの関係は男・女の差別、実力がある・ない、背が大きい・小さい、のような世界ではないからだ。

おかげで一回だけできた。このような生活の雰囲気というのはとても素晴らしいと思う。そんなところに、人の本当の「助け合い」がある。

（本文中の呼称は筆者による）


補い合い助け合うことが自然にできる世界。その素晴らしさを、Ｙくんは実感しています。このように、仲間と心を通い合わせることの心地よさを体験として知ることが、何より大事な「心の教育」だろうと考えます。

（4）Tくんの発見ノート

ある日の4年生の授業でのことです。

前日はドライアイスで雪の結晶づくりをしたので、そのとき使ったアイスボックスが残っていました。中にあったドライアイスはもうほとんどなくなって、当然、雪の結晶もありません

「Tくんの昨日出したノートの中に……」

私がそう話し出すと、子どもたちがすっと集中するのがわかります。

「雪の結晶が六角形になるのがいくら考えてもわからないって書いてあったんだよね」

Tくんに向かって話すと、恥ずかしそうにはにかみながらうなずいています。

「難しいよね、雪の結晶って。Tくんは不思議でしょうがなかったんだよね。先生は、そんなTくんのノート、いいなあって思ったよ」

そしてみんなに向かって、雪が降れば本物の結晶を見ましょう、霜柱が立てばみんなで探してみましょうと言いました。

私が「Tくんのノート」と口に出したとき、子どもたちはすっと集中しました。なぜでしょうか。それは、Tくんが先生に認められたということを、他の子も自分のこととして聞いているからではないかと考えます。自分もTくんと同じように、先生にノートをよく見てもらえていると、子どもたちは思っているのです。子どもは、仲間を通して自分自身を見ています。

あのとき、Tくんの存在はひときわ輝き、他の子どもたちの尊敬の的になりました。仲間の誰かが輝くのを見るのは、本当は仲間である自分にとってもうれしいことなのです。そのことをTくんも自覚します。「尊厳の自覚」です。

どの子も輝ける。どの子も尊敬の対象になる。学級とは本来そういう場所なのです。

学ぶことの一つの意味は、自分自身の成長を誇りに思い、自分をさらに高めようとすることです。それが、人間としての生きる喜びに昇華していくからです。

小学校の教師を退職して十年が経ちました。今は、大学で小学校の教師を目指す学生を教えています。未熟な教師だった私が学生に伝えたいこと、それは、子どもってすごいよ、だから教師も精一杯成長しないとね、ということかもしれません。

4　文章に投影される子どもの生き方

私のクラスでは、給食の時間に、その日の日直さんが交代で作文を発表していました。先に給食を済ませて、みんなが食べるときにお話をするのです。「お昼のお話」として、ずっと続けてきました。

限りある時間　命　R・M

二月三日は節分。節分では神社で年男、年女が豆をまく。今年の干支は亥。五年生の約四分の三は年男、年女だ。（ぼくは三月生まれなので来年だが）

今年は幼稚園の時同級生だった友だちが豆をまいていた。来年はぼくがまくのだという実感がした。

ぼくが生まれて、もうすでに一一年の年月が過ぎた。一年生の頃はあんなに小さかったぼくが、今ではこんなに大きくなった。だから、小さかった頃がとてもなつかしい。

「十歳のきみへ」を書いた日野原重明さんは、命とは生きている時間、つまり自分の使える時間だと考えている。ぼくもそう思う。

命という時間には限りがある。その時間をどう使うかは自分で考えるのだ。ぼくはできなかったことができるようになったとき、達成感を覚える。そのためには目標をもって生活することが大切だと思う。だから、そのように時間を使おうと考えている。

Mくんの作文は、そのときに発表されたものです。私自身、深く感動してしまったのです。

Mくんは、体こそ小柄ですが芯がしっかりしている子です。文化祭のステージではたった一人で歌うという度胸もあります。「栄光への架け橋」という曲が好きで、校外学習などでバスに乗ったときもよく歌ってくれました。1年生の頃、脳に病気が見つかり手術しましたが、すぐによくなり元気に生活しています。

朝は少し早く登校して、運動場のトラックを友達と走っていました。短距離のタイムを測っているのです。少しでも記録を伸ばすことを目標にしていました。

日野原重明先生の『十歳のきみへ―九十五歳のわたしから―』(冨山房インターナショナル、2006)は、私が子どもたちに紹介した本です。それを読んで、著者の願いを強く感じ取る子どもが存在する、それだけで何か熱い思いが私の中に生まれました。このように真剣に生きようとしている子がたくさんいるということを、もっともっと私たち大人も知ることが大事だと思います。

給食を食べながらMくんの発表を聞いていたクラスの仲間たちも、急に静かになりました。それぞれに、何かしみじみとした思いが去来したのではないか、と感じました。

Mくんは、この作文に自分の生き方を投影しているのです。そして、クラスの仲間たちも、それぞれに自分を重ねているのだと思います。

発見ノートにも、そのような子どもの姿が表れます。Kさんは毎日、質の高い文章を書き続け、その成長ぶりには目を見張るものがありました。卒業を控えたある日、Kさんは次のような文章を書いてきました。私はこの文章に深く感動し、コピーしたものを手元に置いておいたのです。

平成14年3月2日

小さな鳥　　K・I

ふと顔を上げると、電線に1羽の鳥が止まっていた。不安そうに、絶えず辺りをキョロキョロ見わたしている。その小さい体は、まんまるとしていて、風で羽が逆立ちゆれていることもあり、震えているようにも見えた。後ろからでは一体この鳥がどこをみているのかわからないが、その視線のはるか上空を3羽のカラスがゆうゆうと飛んでいった。目の前の小さくて弱そうな様子と、はるか上空を飛ぶカラスのあまりにどうどうとたくましくも見えるその姿の差は大きく、同じ「鳥」というものとは思えないほどだった。

この小さな鳥が、翼を広げて飛び立ったとたん、ゆうゆうと空を飛ぶ鳥に変わるのだろうか。

いつも私は、空を飛ぶ鳥が、えらく、そして強く堂々と見え、飛ぶことのすごさを思っていたが、鳥もそういうものだけではなさそうだ。どんなものだって同じような素質をもっていて、いくら表にある強さをたたえたって、その裏にある弱さを隠し切れないでいる。それは人間だって同じで、その弱さを怖がらずに見つめられないでいたりする。

いいところだけしかもっていない人なんていないけど、みんな、自分の汚いところ、悪い所を見つけられて嫌われるのが怖くていい人のふりをしたりする。みんなが、その悪い所を見て嫌わないでいれば、その人のいろいろな面を見つけられるのかもしれないし、いろいろな面を見つけてもらえた人は、その悪い所が消えていったりするのかもしれない。

みんなが縮こまり、羽をたたみ、空を飛ぶ鳥を羨ましそうに見ている。いくら親鳥が空を飛ぶのを手伝ってくれても、最後に羽を広げて飛んでいかなくてはいけないのは自分なんだ。思い切って飛び立てば、地に落ちる時も、風に飛ばされる日もあって、そんなときに、あの上空を堂々たる態度で飛ぶまで、羽を広げ風にのるまで、いや、自由に飛びながらも、いっしょにいて、励ましあえるような友だちがきっとそばにいるんだと思った。努力の積み上げで、力や自信をつけ、同時に、絶望したり悲しんだりしながら、その悲しみも、心の翼に変えて、いつか大きくはばたけるように。

いいことばかりでは、きっと心がにぶくなって、幸せが見つからなくて、嫌なことばかりみえてしまう。だからつらいことも必要で、つらい今だけを見ているときは、視界がせまくて、楽しいこともたくさんあったことも忘れてしまう。そんなとき、みんなを思い出して、そこにあふれている幸せをもう一度かみしめているんだ。

幸せはつらいことと背中合わせで、それを両方みていると、それを理解していくと、不思議なくらい心が静かになっていく。

いつの間にか、その鳥がいなくなっていて、その鳥が、力強く飛んでいくのを見たくて窓から身を乗り出して周りを見ても、その鳥はもういなくなっていました。

第4章 「やさしさ」が育つ理科の授業

理科が対象にしているのは自然の事象です。目に見えるその向こうにあるものを感じ取れるかどうか、これがもっとも大切なことです。対象を観察し、対象の「いのち」とつながるとき、私たちは自己とそれを取り巻く世界を知るのです。

1　日本の風土が生んだ「自然に親しむ」

昭和16年に教師用指導書として作成された『自然の観察』の背景になったものが、当時の文部大臣橋田邦彦先生の思想でした。『自然の観察』に込められた「自然に親しむ」という考え方は、戦後の理科教育の目標としてそのまま引き継がれ、欧米には見られない日本的な自然観として今日まで大切にされています。その証拠に、新しい小学校学習指導要領の理科の目標も、「自然に親しみ」という言葉から始まっているのです。「自然に親しむ」という発想は欧米の科学教育には存在しないと言われています。実際は、欧米にも自然に親しむための活動は存在しているものの、科学教育の中で語られることはありません。

そもそも教師に言われなくても、子どもは自然に親しんでいるでしょう。通学の途中で見つけた虫や花をよく教室に持ち込んできます。珍しいものを発見したという喜びを仲間や先生と共有したいのです。

『自然の観察』の中に、次のような一節があります。

芽が土を割って出始めた様子を見させる。土の盛り上がった様子、ひび割れのできている様子、白く光っている茎が土くれを押し上げてその間からわずかに芽がのぞいている様子などを見せて「芽が出た」という喜びを味あわせる。このころが児童に与える感銘の最も深いときである。[1]

土が盛り上がってひび割れた隙間から見えるアサガオの芽生え、そこに芽生えの「いのち」があり、その観察をする子どもは、自分の存在を忘れて見入っています。

これはすなわち、西田幾多郎氏が語る「没頭」の境地です。西田氏は『善の研究』において、次のように述べています。

物を知るにはこれを愛せねばならず、物を愛するのはこれを知らねばならぬ。数学者は自己を棄てて数理を愛し数理そのものと一致するが故に、能く数理を明らかにすることができるのである。美術家は能く自然を愛し、自然に一致し、自己を自然の中に没することに由りて甫（はじめ）て自然の真を看破し得るのである。[2]

対象を好きになるというのは、対象を知ろうとすることへの「没頭」であり、吾を忘れるほど「夢中」になっている状態であるというのです。

橋田先生は、この自然に親しむ心を「主客一体」の延長線上に考えていました。これは、日本に古来より伝わる禅の教えです。客体は主体があればこそ客体であり、主体は客体があればこそ主体です。とすれば、主も客もどこかで一つになるというのが「主客一体」の考え方です。

自己ということを知るには他己を知らなければならず、他己を知らなければ自己がわからないのでありますから、自己と他己というものを同時に知らなければならぬ。同時に知らなければならぬどころではなくて、先ほどから申しましたごとく、自己あって他己であり、他己あって自己である、自というものと他というものとは全く一つのものとしてそこにあるのであります。二つのものは全体として一体であるという立場でそこにあるのであります。かかることを不一不異、一ならず異ならずと言います。[3]

私にも同じような経験があります。

ある夏の日、家の近くを散歩しながら、たくさんの野草を見ていました。春の野草と違って、なかなか名前が覚えられません。私は、ある一つの花を丁寧に観察しました。この花の名前を知るために、その特徴をしっかり見ようと思ったのです。しっかり見るというのは、例えば、花のつくりであるとか葉のつき方であるとか花の色などを見ることです。すなわち、見たいと思う心の働きと、何を見るのか、どこを見るのかという視点が必要になるのです。そのとき、「主体」である私は、「客体」としての花と正対しています。そして、この花のことを知りたいという思いは、その花という「客体」に限りなく近づいていくプロセスでもあるのです。

観察しながら、「この花、名前がわからないけどきれいだ」「この花は野草ではなく、園芸種が逃げ出して野生化したものなのかもしれない」「どことなく品がある花だ」などと、私の感情が同時に生まれていきます。「心の対話」とでも呼べるようなやりとりを通して、対象とのつながりが生まれているのです。

「観察」とは、対象をただ客観的に調べるというものではなく、対象に正対し、対象と心をつなぐプロセスでもあるのです。そして、対象と一体化することが、本当の意味での観察と言えるのです。

画家の熊田千佳慕さんは、そのような意味では究極の「観察者」だったような気がします。

「私は虫であり、虫は私である　私は花であり、花は私である」
「自然は、美しいから美しいのではなく、愛するからこそ美しいのだ」
「見て　見つめて　見きわめて　私は心の目で、自然を描きたい[4]」

これらの熊田さんの言葉には、観察という営みの究極の姿があるように、私は思うのです。

心に映り、ときめきを感じる瞬間があるからこそ、私たちは観察する。観察することで、見えていないものが見えてくるようになり、新たな不思議が生まれる。自分という存在につながっている目に見えない糸が見えるようになる。これを「察する」と言います。

したがって、「観察」とは「観る」と「察する」、その中には「心で思う」ことが含まれているのです。

私が観察したその野草は、ハゼランという植物でした。午後3時過ぎに咲き出すので「サンジソウ」とも呼ばれているそうです。よし、今度は3時前に行って時計を見ながら見てみたいと、そのとき思いました。しかし、どうしてこの花に時間がわかるのでしょうか。暗くなってからというのならまだわかりますが、まだ明るい3時では区別はつかないはずです。なぜでしょう。

新たな問いが生まれることも、観察には欠かせないことなのだと感じます。不思議さ

を素直に感じる心が大事なのです。

もとより自然は不思議なことだらけです。追究を一つ深めると、そこにはさらに深遠な世界が広がっています。なぜこのような小さな生き物がここに存在しているのか、なぜここにこのような石があるのか、というような根源的な問いにぶつかってしまうからです。

筑波大学名誉教授の村上和雄氏が言う「サムシング・グレート（偉大なる何か）」を感じる瞬間、人間はつつましくならざるを得ないのです。

この延長線上に、「自然を愛する心情」はきっとあるはずです。

1　日置光久・露木和男他編集『復刊　自然の観察』（農文協、2009）より「第6課　春の種まき」
2　西田幾多郎『善の研究』（岩波文庫、1979）より「知と愛」
3　橋田邦彦『自然と人』（人文書院、1948）より「科学の根底についての私見」
4　熊田千佳慕『私は虫である―熊田千佳慕の言葉』（求龍堂、2010）

2 「自然を愛する心情」の本質

(1)「知らない」ということの恐ろしさ

子どもが自然を好きになるもっとも有効な方法は、実際に自然に触れる体験をすることです。山に登ることなくして山を好きになることはできません。昆虫図鑑を見るだけでは、本当に昆虫を好きになることはできないのです。

好きになるとは、相手の本質、すなわち「いのち」と関係をもつことにほかなりません。昆虫が昆虫として生きている本質的な部分にかかわるということです。

関係をもつことで嫌いになってしまう場合があるのではないか、と思うかもしれません。虫に刺された、気持ち悪い思いをした、かまれた、などの不快なかかわりも、もちろんあるでしょう。じめじめした場所でダンゴムシを見つけた。石をどかすとダンゴムシだけではなく、ミミズがいた、ムカデがいたということになれば、それらをひっくるめて嫌いになることは大いに考えられることです。

嫌いになるということは、嫌いという感情の「重し」が乗ったことになります。本当はミミズだってムカデだって、その生き方を理解したならば、あるいは出会い方が違っていれば、嫌悪の対象にはなっていなかったはずです。初めから人間の中に、対象に対する嫌悪があるわけではありません。嫌いになる理由が必ずあるのです。「偏見」という見方によって。

昔、子どもと一緒に清里の「美しの森」へ登山をしたときのことです。ワイシャツ姿の若いサラリーマン風の男の人が数人登ってきました。そのうちの一人の頭の上に、「赤い虫」が止まりそうになりました。その男性は大変驚き、「悪魔の虫だあー」と絶叫したのです。その赤い虫はハナカミキリの仲間のベニカミキリです。刺すこともなければ、噛みつくこともない虫です。もちろん、ベニカミキリの名前を知る必要はありません。けれども、「知らない」ということがここまで人間を不自由にするのか、という驚きが私にはありました。

社会的な立場、仕事、能力、性別などで、他者を差別する人は根深く存在します。露骨に差別的発言をしてはばからない人もいます。いわれなき差別を根絶することはできないのではないかと、絶望しているのは私だけではないでしょう。

自然から離れて育った男性が、赤い虫を「悪魔の虫」と叫んだことは、この問題と無縁ではありません。「知らない」ということが、自然に対しても、他者に対しても、差別を生み出す土壌となってしまいます。根は同じなのです。

（2）「知る」ということの価値

都内のある高校で「綿毛の観察」の出前授業をしたことがありました。授業の感想に次のようなものがあり、驚きました。（　）はわかりやすいように私が補足したものです。

タンポポの綿毛のように、（萼が）役割を見つけ直したものであるのなら、きっと変な形をした花や、なんでついているのかわからないようなものにも何かしらの意味や理由があり、それが（そのものがもつ）よさであり、そのものの証で、それは人間にも共通していえることだとわかりました。

タンポポの綿毛は萼が変化してきたものであると「知る」ことは、単にタンポポについて詳しくなったというだけではない価値があります。このことが、人間を含めて、それぞれの存在に意味があることを暗喩していると感じ取ったのです。対象を「知る」ということは対象への「共感」につながっていきます。そして、対象の「いのち」は自分の「いのち」に置き換えられ、自分の存在を問う力になっていくのです。

高校生の感想は、次のように続いていきます。

今の「私」を作っているのは、こうして先生に「やさしさ」を学んだ「私たち」で、これから大学に行き、もっとそれを深め、次は私たちが、未来を担う子どもたちに「本当のやさしさ」を伝える。こうして皆が皆をわかり合い尊重できる世の中になればいいいな、と思いました。

私が出前授業に寄せた想いをこのように汲み取ってくれる力もまた、この生徒の共感力なのかもしれないと思います。

ともすると、「自然を愛する心情」は、美しい、かわいいなどの「情」に偏る傾向があります。そうではないのです。「自然を愛する心情」を考えるとき、私たち教師は決して「知」と「情」を分離してはいけません。「知」と「情」を一体のものととらえた先に、「自然を愛する心情」の本質があると、私は考えています。

(3) 教師の姿から学ぶ

教師自身が自然とどうかかわっているか、子どもたちはそれをよく見ています。なぜなら子どもたちは、教師を介して自然にかかわることが多いからです。

子どもは、教師の姿から自然を学んでいるのだと実感する出来事がありました。

私は、マツムシソウという花が好きです。清里での合宿のとき、三つ頭登山の途中にたくさん咲いているマツムシソウの名前を子どもに教えました。その薄紫の清楚な花は、秋の陽射しの中で風に揺れて美しく咲いていました。東京に戻って、子どもたちは合宿の思い出を短歌にしました。ある子が、次のような歌を詠んだのです。

ゆれて咲く　先生好きな青い花　私もなんだか好きになりそう

これを見て、私がどれだけうれしかったか、想像してみてください。

もし私が、「この花はマツムシソウと言うんだよ」という知識だけを伝えたら、果たして子どもの心に届いたでしょうか。この子は、教師が心からこの花が好きだということを感じ取ったのだと思います。

自然を愛する教師の姿を見て、子どもは自然を好きになるのです。

3　理科の基本は「よく見る」こと

3年生の理科の授業で、「昆虫の歩き方」について取り上げたことがあります。6本の脚をどのように使って歩いているのか、私たちは普段気にすることはありません。しかし、観察してみると、歩き方一つに昆虫の「いのち」が見えてきます。

はじめに、次のような活動をしてみました。

3人一組でそれぞれ前脚、中脚、後脚になって歩いてみます。ムカデ競争のように、右、左、右…と足を揃えながら歩いたところで、カブトムシはどうもそのようには歩いてはなさそうだ、という意識が芽生えます。「実際はどのようにして歩いているのだろう」という問いが生まれ、視点が明確になりました。

次に、カブトムシの歩き方を丁寧に見てみます。

ここで大切なことは、以下の点です。

①何を見るのか、という視点が決まっている。

②見たいという問題意識が切実である。

③見ることによって当面の問題が解決できるという見通しがある。

このような条件を満たしていることによって、「よく見る」という子どもの活動が意味をもってきます。ただやみくもに「よく見なさい」というのは、子どもにとって有効に機能しない場合があるということです。

よく見ることによって、子どもは新しい何かを発見していきます。それまでの見方の枠組みで見たときに、それには当てはまらない事実に出会うのです。そこには、驚きが

あります。子どもは新鮮な驚きによって、見方の枠組みの「作り替え」を行うのです。言い換えれば、よく見ることによって、見方が発展しているとも言えるでしょう。人間はいつも予見によってものを見ていますが、その予見を打ち破り、新たな事実やきまりに気づいたとき、「そうか、そうだったのか」という深い感慨にも似た喜びを感じるのです。このように考えると、よく見ることは、直接子どもの成長にかかわることと言えるでしょう。

また、よく見ることはたいてい努力を伴います。よく見ようとするときにはエネルギーを必要とするからです。

けれども、この努力が努力でなくなる場合があります。「自ずと見てしまう、もしくは見えてきてしまう」状態です。例えば、本屋さんなどで好きな著者の本は向こうから目に飛び込んできてしまう、趣味のことなら時間なんて関係ないなど、傍から見れば大変な努力をしているように見えるのに、本人はいたって楽しんでいるという場合です。このような状態であれば、努力という言葉は意味をもちません。「見えてくる状態」だからです。そして、このように「よく見る」が「見えてくる」にシフトすることが理想なのでしょう。

感性は、このことを指すのだと考えています。すなわち、「価値あるものに気づく」のが感性であり、向こうから飛び込んでくる状態です。

教師が子どもを見るときも、同じことが言えます。見ようとしなくても、自ずと子ども一人一人が見えてくるようになりたい。その力をつけていきたいと思うのです。

理科の基本は、このように「よく見る」ことです。すなわち「観察」です。理科は観察・実験と言われますが、実験は条件を制御した中での観察ですから、観察の一部と言えます。先に述べたように、観察には「観る」だけでなく「察する」こと、すなわち「見えないものを見ること」が含まれます。

理科の授業では、観察を通して、見えないものを見るための感性を磨いているのです。

目に見えるものだけに限らず、目には見えない関係や変化、本質や心を求めていくことが、これからの理科教育には必要ではないでしょうか。

そのためには、対象に近づき、対象と一体化していくことです。対象の本質である「いのち」とつながるというのは、必ずしも仲間や生き物のように生きているものだけではありません。鏡なら鏡の「いのち」、電気なら電気の「いのち」もあっていいわけです。

そこに、対象への「共感」が生まれるとするならば、子どもは自然の凄さや神秘さなどを前に、つつましくなることでしょう。言い換えれば、「やさしさ」が子どもの内面に育つのです。

4　感性を磨く理科の授業

あるとき、私は偶然にハリガネムシを見つけました。これを子どもに見せたらきっと興味を示すに違いない、そう思って翌日教室に持ち込んだのでした。

期待した通り、子どもは驚きました。くねくねと動くこの生き物を初めて見た子どもたちは、「一体これはなんという生き物だろう」と不思議がりました。そのとき、子どもは単にその生き物の名前を知りたいわけではないのです。その生き物にまつわるどんなことでもいい、とにかくその生き物について知りたいのです。

なぜでしょうか。

それは、子どもにとって出会ったことのない生き物だからです。一本の紐のような生き物。目もなければ足もない。水の中でただ動いている。そもそも親なのか幼虫なのか。何を食べ、子孫をどのように残すのか。

「何だろう」と子どもが疑問をもつとき、その内実は、「生き方」を知りたいということなのです。名前を知ったところで子どもにとって何の意味もありません。名前を「ハリガネムシ」という名前とともに、この生き物の数奇な運命を知ったとき、子どもは驚き、感嘆しました。そして、ハリガネムシに対する見方が変わります。

子どもの内面に、ハリガネムシの生き方が確かな位置を占めるようになるのです。ただの虫ではなく、自分の

中でオルガナイズされた「かけがえのない」存在になるということです。そして、そのような意味をもつものとして、改めて「ハリガネムシ」という名前が定義されます。

さて、ハリガネムシの数奇な運命とは何でしょうか。ハリガネムシは、水生昆虫に寄生します。そして、その水生昆虫がカマキリなどに捕食されると、今度はそのカマキリに寄生するのです。さらに、成虫になると、宿主の脳を操作して水に飛び込ませ、そのお尻から脱出すると言います。すなわち、二重にも三重にも宿主を変えながら、今ここにいるハリガネムシ。

子どもたちはいつかカマキリを見たとき、もしかしてそのお腹にはハリガネムシがいるかもしれない、と思うようになるでしょう。それは、ハリガネムシもカマキリも「体験」として、子どもの中に位置づいているということなのです。

このような体験が、子どもの人生を豊かにしていきます。それは、子どもが今という一瞬を、永遠に生きていることにほかなりません。

「センス・オブ・ワンダー」というのは、そのような意味をも含意しているのです。

5　セレンディピティが生まれる理科の授業

（1）「周辺」を大切にする

セレンディピティとは、幸福な偶然や思いがけない発見などを意味します。ノーベル賞受賞のきっかけになった発見は、この偶然によるものが多いことはよく知られています。例えば、２００２年にノーベル化学賞を受賞した田中耕一さんの発見では、たまたまグリセリンの調合を間違えたことがタンパク質の分析法の発見につながったと言われています。「生涯最大の失敗」が「最大の発見」につながったのです。

このセレンディピティが、理科の授業中に起こることもあります。その多くは子どもの偶然による発見であることが多いのです。

これは、「周辺」を重視したからこそ、生まれた発見と言えます。本来の目標だけでなく、その「周辺」にも価値あるものが存在しているのです。授業の目標をもつことは当然大事ですが、その目標にこだわりすぎると「周辺」に目がいきません。

5年「天気の変わり方」の授業でのことです。子どもから「アメダスの雨量計にたまった水は誰が捨てているのか」という問いが出たことがありました。子どもからしてみれば、雨量計の仕組みよりも知りたかったことなのかもしれません。
また、別の授業では「魚がえらで呼吸しているとき、取り込んだ餌はどこから体の中に入るのか」という問いが出ました。口に入った水がえらを通るときに呼吸が行われている、と学習したばかりだったのです。他の子も「そういえばそうだ」と言い出し、みんなの問題になりました。これらは私の思惑の外にあった問いです。「周辺」を意識していなければ、授業の対象にならなかったかもしれません。当然、みんなで予想して調べていきました。

すなわち「周辺」とは、子どもが自ら組織しようとするもう一つの学習内容と言えるのではないでしょうか。教師に付き合うのではなく、自ら求めるときに生まれる「自己組織化」の具体的な表れが「周辺」なのです。真に子どもが主役となる授業では、「周辺」が存在感を放ち、セレンディピティが生まれるのです。

また、ある日の校外学習では、こんな出来事がありました。

化石を採集しようと、子どもたち約160人を連れて、秩父方面へ行ったときのことです。その日は大変な暑さでした。子どもたちは勇んで化石採集に臨んではみたものの、なかなか出てこない化石に、集中力が途切れてしまう子も現れました。川の方へ行き、冷たい水に浸かる子、川原の池にいたウシガエルを捕まえようとする子、石で水切りをする子も出てきました。

それでいいのだと、私は思ったのです。およそ3分の2の子は化石が採れたのだから十分です。化石の採集はそう簡単ではないし、川原で遊ぶことも子どもたちにとってはまたとない経験だと思ったからです。水の冷たさを感じ、流れの様子を知ることも、子どもにとって大切な経験です。そのような「周辺」を含んだ化石採集だと考えたのです。

教師は、せっかく化石採集に来たのだから、そのことだけに集中してほしいと子どもに願います。それはその通りかもしれません。しかし、それだけにこだわるのではなく、その「周辺」からも子どもが多くを学んでいることに気づく必要があります。あいにく化石が採れなかった子は悔しいでしょう。サメの歯が採れた子が羨ましいはずです。そのような子どもの無数の心がここには渦巻いているのです。

(2)「やってみなければわからない」という楽しさ

ある日の授業で、金属の膨張実験をしました。金属の膨張は空気や水のそれよりも小さいようだと考えた子どもは、金属の膨張を目で見えるようにできないか、と考えました。

従来の方法だと、教師が金属の熱膨張実験機を提示し、金属もわずかながら膨張することを実験します。それで終わりです。しかし、私は、膨張を目で見る方法を考えるよう、子どもに働きかけました。それは、水の膨張を確かめるときに細い管を使って、小さな変化を大きくする工夫をしたという経験があったからです。

子どもは次のような方法を考えました。

①金属の先に針を結び、先を顕微鏡で見る。

②金属の先に針を結び、先を粘土に近づける。

③金属の先に針を結び、ビーカーの中の水面に近づける。

④風船を先につけ、少しでも膨張すれば割れるようにする。

⑤少しでも膨張すればアルミにくっつき豆電球が点灯するようにする。

⑥鉄球を置き、少しでも膨張すれば磁石に引き寄せられるようにする。

うまくいくかどうかわからないという授業だと、子どもは未知を前にわくわくします。茂木健一郎氏の表現を借りれば、「偶有性の海に飛び込むこと」は、子どもにとって知的な冒険なのです。

全員が見守る中、教師は一つ一つのグループを回り、トー

チ式のガスバーナーで熱していきます。自分たちで考えた実験がうまくいけば大歓声が上がります。うまくいかないときは、やはりがっかりします。しかし、失敗してもいいのだという風土ができていれば、失敗も子どもにとって大きな学びの機会になります。「やってみなければわからない」という授業は、子どもにとって楽しくないはずがないのです。

実験方法を仲間で自由に考える授業をなるべく増やしたいものです。「やってみなければわからない」という授業の楽しさを、ぜひ教師自身が経験してほしいのです。創造する喜びのある授業を実現していくために、少なくとも次のステップが必要であると私は考えています。

第1ステップ　新しいことを授業で提案してもいいのだという雰囲気づくり
第2ステップ　新しいことをどんどん提案する授業の方が楽しいし、するべきなんだという理解
第3ステップ　新しい提案や考えを出し合うことはごく当たり前のことであり、それが授業であるという子ども同士の意識

第3ステップに至っては、授業が真に子どもの主体者意識で創り出されるものになるでしょう。

(3) セレンディピティを生み出すために

セレンディピティを生み出すために、授業はどう変わらなければならないのでしょうか。私は、次のように考えています。

①目標にこだわらない柔軟な姿勢をもつ

普段の授業から、臨機応変に対応できる柔らかさが教師には求められます。それは決して「這い回る」授業という意味ではありません。本時目標は必要です。それにこだわらず、子どもの発見や気づきに注目するということなのです。

②体験を通す学びを徹底する

実際に実験してみる、観察してみる、探してみる、育ててみるなど、体験を通した学びは子どもにとって多くの価値を含みます。教師の一方的な目標だけが学びではない、子ども自身の学びが顕在化する機会が豊富に存在していることを自覚するのです。

③気づきや発見を受け入れる

子どもの気づきは本時の目標からは離れてしまうかもしれません。しかしながら、子ども自身が気づいたことに対して、きちんと価値づけるようにします。子ども自身の学びに勝るものはないのです。どんな意見も教師や仲間が受け入れてくれるという雰囲気をつくることです。

④教師が絶えず学び続ける

教師が気づかない限り、幸福な偶然は生まれようがありません。教師が、子どもの偶然の発見にピンとくるかどうかは、教師自身の感性にかかっているのです。価値ある偶然の発見に気づくことができるように、教師は学び続けていく必要があります。

6　地球とつながる理科の授業

(1) 氷から出てくる「もやもや」の追究

4年生の「ものの温まりかた」の授業では、水や金属、空気という身近な物質の熱の伝わり方を学習します。

水や空気の場合、熱源に近い部分が温められて膨張し、体積が増します。当然密度が低くなり、周りの部分よりも軽くなるため、上に移動します。すると、上昇していった部分を補うために、周りの部分が熱源のそばに近づいていきます。そして、あたかも全体が回っているように見えるのです。これが、「対流」のメカニズムです。いったん温まって上昇したものは、冷えない限り、下に戻ってくることはありません。そのため、お風呂のお湯が、上は熱いのに下は冷たいという現象が起こるのです。

したがって、「対流」とはぐるぐる回りながら温まっていくことではなく、熱変化を受けた水や空気が移動することなのです。この現象は、4年生の子どもたちにとって、追究しがいのある問題と言えるでしょう。

水を温める実験を、逆に冷やす実験に置き換えてみるとどうなるでしょうか。「丸い氷をそっと湯に浮かべてみたらどうなるか」そんな問いから授業は始まりました。子どもたちは、それぞれの予想をノートや黒板に書いていきます。

氷は溶けていき、小さくなってやがてなくなるという予想が大半です。溶けると同時に、氷の冷たさでお湯が冷めていくという予想も出ました。

この予想は当然といえば当然でしょう。お湯が冷めていくということをもっと詳しく考えてみます。

Tくんは、冷たい水がお湯の下の方に移動し、下から冷たくなっていくと考えました。お湯がどのように冷めていくのか、子どもたちの考えにずれが生まれます。

では、実際にお湯に氷を浮かべてみます。

すると、氷からもやもやしたものがすーっと下に落ちていくのが見えます。子どもたちは驚き、歓声を上げます。そして、この「もやもや」は何かと考え始めます。大部分の子が、「もやもや」は氷から溶け出てきた冷たい水だと考えているようです。

それならば、「アイスボール」（プラスチックに水を封入して凍らせたもの）では「もやもや」は出てこないのか。教師がアイスボールを提示すると、案の定、子どもたちは「もやもや」は出てこないと予想しました。実験してみると、なんとアイスボールからも「もやもや」は出てくるのです。

子どもたちは、さらに考えます。アイスボールの周りの冷たくなった水が「もやもや」となって落ちてくると考える子もいれば、アイスボールの中から水がしみ出ているのだとこだわる子もいます。

さらに教師は、冷凍庫に入れておいたスプーンを提示しました。スプーンならば、中から水が出てくることはありません。そして、冷えたスプーンをお湯に浸けて、瞬間的に「もやもや」が出てくる様子をみんなで確認しました。

もうこれで、冷えた水が「もやもや」となって落ちていると考えざるを得ません。けれども、なぜ冷たくなった水が「もやもや」となって落ちるのか、その説明ができないのです。

冷たい水は重い。

数人の子はそう考えていますが、確証があるわけではありません。本当に冷たい水はお湯より重いのか。どうすればそのことを確かめることができるのか。子どもたちは、それぞれに実験方法を考えました。

（2）冷たい水はお湯より重いのか

子どもたちが考えた実験方法は次のようなものでした。

①お湯と冷水をチャック式ポリ袋に入れ、水槽の水に入れてみる。お湯は浮かび、冷水は沈むだろう。

②色をつけた冷水をお湯の中にそうっと入れる。冷水がお湯に沈み込んでいく様子が見られるのではないか。

③お湯と冷水を同量とって細かく量ることのできる秤で量る。冷水の方が重いだろう。

④お湯と冷水を仕切りのついた水槽に入れ、仕切りをとってみる。冷水がお湯の下に移動するだろう。

④の実験のために、私は次の時間までに準備をすることにしました。

夜、理科室で教材づくりに励みます。手ごろな大きさのアクリル水槽がありました。別のアクリルの板を専用のカッターで切り、仕切りをつくります。水槽に仕切りを差し込み、うまく機能するかどうか、片方に水を入れてみました。けれども、入れたとたんに隙間から水が流れ出してしまいます。これでは仕切りの役目を果たしません。

今度は仕切りの左右と下の部分に、ゴム管を半分に切ったものを貼り付けてみました。水道の蛇口のパッキンの役目です。しかし、それもあまりうまくいきません。ゴム管を貼り付ける際に水性のボンドを使ったせいで、溶けだしてしまったのです。

ぴったりと漏れないような仕切りをつくるのは難しいものです。他にもいろいろ試してみましたが、なかなかうまくいきません。

そんなとき、ふと思いついたことがありました。発想の転換とはこういうものです。別々に水とお湯を入れようとするから、反対側に漏れてしまうのだと気がついたのです。同時に入れれば、お互いの水圧によって拮抗するため、漏れることはありません。

後で考えれば何でもないことでも、そのときには気づかないということがたくさんあります。

試行錯誤を経て、最終的に次のようにつくると、うまくいくことがわかりました。

まず、プラスチックの板を用意し、ほぼ水槽と同じ幅の仕切りをつくります。できるだけ水が漏れないように、仕切りの周りにガムテープを貼り付けます。少しふくらみをもたせるようにガムテープを貼ると、それがパッキンの役目を果たし、きっちりとした仕切りをつくることができます。


そして、ついに子どもたちの目で確かめる瞬間がやってきました。

冷水には赤い食紅で色を付けておきます。さらに、水槽に入れやすいよう、お湯と冷水はそれぞれ500㎖のペットボトルに入れておきましょう。そして、仕切りをセットした水槽に、ゆっくりと同時に入れていきます。

ここからが注目です。そうっと仕切りを外していきます。すると、赤い冷水がお湯の下に潜り込んでいく様子

が見事に確認できたのです。

子どもたちは驚きました。そして改めて、冷水がお湯よりも重いことを実感したのです。子どもたちは何か不思議なものを見ているような気持ちになったことでしょう。不思議さに目を見はる、まさにセンス・オブ・ワンダーの瞬間でした。

さらに、①、②、③の実験も行うことで、同じ水がこのように重さを変えることに驚いたのです。

(3) 深層海流の原理につながる実験

実は、この実験こそ「深層海流」の原理と言えます。水が温まったり冷えたりするという日常的な現象の奥には、体積の変化に伴う対流があり、それは地球規模で起きています。

「深層海流」のことを知ったのは、もうずいぶん前のことです。1998年、NHKスペシャルの特集「海」を見ていたとき、私はその映像に釘付けになりました。

グリーンランド周辺の冷たく重い海水は、2千年という歳月をかけて地球の海の底を一周しているといいます。暖流である大西洋のメキシコ湾流がなぜノルウェーなどの高緯度にまで流れていくのか。それは、沈み込んでいく深層海流が海の底で逆方向にひっぱっているからなのです。深層海流はところどころで湧き上がり、あたかも地球のラジエーターのように、温度の均衡化に役立っているといいます。

今、子どもたちの目の前で起きていることが、そのような地球規模での現象と結びついていたのです。子どもがこの現象に驚き、強い関心を示すのは、そのような水のもつ不思議さに自分もどこかでつながっているということを、無意識のうちに感じ取るからではないでしょうか。水の温まり方が対流であるとわかればそれでいいという授業なら、このような不思議さを感じ取ることはできないはずです。

教材研究の楽しさ、面白さは、このように教師が「もう一歩先」を考えることで生まれるのだと、私は考えています。

第5章

子どもの心に添う授業づくり

子どもたちが豊かな感性をもって自由に考えながら、仲間たちと心をつないでいく授業。そんな授業をつくるために、教師には何ができるでしょうか。夢中になって追究している子どもたちをどう評価すればよいのでしょうか。それは、ただ子どもの心に添いながら、子どもを深く理解しようとすることに他なりません。

1　未来を「創造」する教師

（1）授業に求められる「計画性」と「偶有性」

対象に出会ったとき、子どもの心は様々に揺れ動きます。ぱっと直感で見ようとする子もいれば、分析的にとらえようとする子もいます。いきなり好きになる子もいるかもしれませんが、多くは仲間との関係、教師との関係の中で少しずつ醸成されていくものです。

子どもが対象に夢中になる状況をつくること、そのためには幾重にも「手入れ」が必要となるでしょう。教師はそれを意図的、計画的に行うだけでなく、子どもの心に正対しながらその場その場で生み出していくのです。

この二面性は、今日はこっちで明日はあっちというわけではなく、同時に、直観的に行うという性質のものです。

指導案を書くと、教師の中には大まかな授業のイメージが出来上がります。その時点で、教師は未来を創造していると言ってよいのだと思います。授業という生きた流れを頭の中でイメージし、子どもの心の動きに合わせた未来を思い描き、創造しているのです。

しかし、実際の授業は、まずその通りにはなりません。子どもの思いもかけない発言や予想もしなかった考えが出ます。このとき、子どもの心に添うのではなく、あくまで指導案に固執しようとすれば、たちまち授業は命を失います。

指導案を書くという営みは、未来の「想像」ではなく、未来の「創造」でなければならないのです。思いもかけない発言、予想もしなかった動き、新しい発見などが生まれる可能性のある授業を描くことこそが、未来を創造する授業づくりと言えます。

（2）子どもの心に添うために

では、「子どもの心に添う」とは、具体的にどのようなことを言うのでしょう。次のような点が挙げられます。

・子どもの主体性を徹底的に大切にすること
・子どもの試行活動をできる限り認めること
・子どもの問いが連続していくようにすること
・矛盾、抵抗、困難な場面に出会うようにすること
・驚き、感動、不思議さなど、感性に根ざす心を大切にすること

子どもが夢中になっている状態をイメージしてみましょう。そのとき、子どもは自ら進んで取り組んでいるのであって、他人からやらされているという意識はありません。また、例えば、これをやっておかないと将来困るからなど、別の何かの手段になっているということもありません。活動そのものが面白くて夢中になっている状態なのです。

活動が次々と発展していくと、絶えず新しいことを試みることになります。多少の抵抗や困難があっても、それを乗り越えることに、また面白さを感じるはずです。そこに価値を見いだしているからこそ、面白いのです。知らないことが次々とわかり、「そうか、こうなっているのだ」と眼を開くとともに、その奥にはさらに深淵な世界が広がっていることを予感するでしょう。

夢中になって追究していく子どもは、あるとき、自分の見方や考え方が大きく変化していることに気づきます。対象だけでなく、仲間にも、そして自分自身に対しても、それを感じるのです。

(3)「矛盾」で授業は生きる

授業に命を吹き込むもの、それは「矛盾」です。子ども同士の感じ方のわずかなずれや、教材と子どもの先行経験とのずれ。これらの「矛盾」によって、子どもと子ども、子どもと教材がしなやかに格闘するのです。

この視点から、授業という営みを見てみましょう。「矛盾」のある授業とは、どのような授業なのでしょうか。

①カオスの縁に問題が位置している

カオスは「混沌」を意味します。秩序でもなく混沌でもない、その「縁」にこそ、躍動する「いのち」の世界があります。子どもにとって、わかりきったことを追究するのは退屈なだけ。その一方、何がなんだかわからない、取り付く島がないような問題でも子どもは動けません。先行経験に照らして、わずかにずれている対象を選ぶようにすると、子どもたちは本気になるのです。

②子ども同士のずれが生きている

子どもたち一人一人の考えは微妙にずれていることがあります。教師は注意深く子どもたちをみて、そのずれに気づかなければなりません。子どもの考えをあるがままに受け入れ、どのように違っているかを明らかにしていくことで、授業の道筋が現れてきます。

③授業にゆらぎが生まれている

ほんのわずかなずれが小さなゆらぎとして自覚され、そのゆらぎが大きな問題に発展していきます。はじめは子どもにも教師にも自覚できない小さな矛盾が、やがて靴底の小砂利のような居心地の悪さを生み出すのです。そして、はっきりとした問題として浮き彫りになっていきます。

目に見えない子どものちょっとした表情の変化を、教師がどれだけ細やかにとらえられるか、この点に授業の命がかかっています。教師と子どもを自他に分けるのではなく、教師自身が授業の中に身を置き、子どもの視点に立とうとする姿勢が何より大切なのです。

2　子どもの心に添う評価とは何か

(1) 子どもを「諒解」すること

「評価」は「指導」と一体でなければならないと言われます。子どもをAだ、Cだと言ってみたところで子どもは何も変わらないのだから、Cの子をどうすればBにしてあげるか考えることが大切だということです。その通りでしょう。評価は、子どもを序列化することでも、能力を品定めすることでもないはずです。評価がそのまま指導として生きてこなければ意味がありません。しかしながら、実際の教育現場では、評価と言えば子どもをある観点でA、B、Cと見極めることであり、保護者に説明するために、客観的なテストや子どもの表現からの裏づけをすることだと思われているのが現実ではないでしょうか。

一体何が問題なのか。それは、教師が子どもを評価の対象にしていることです。すなわち、教師はあくまで「評価する人」、子どもは「評価される人」という関係性が浮かび上がります。そこには、子どもをAだ、Cだととらえている人がいるだけなのです。


子どもたちは様々な側面をもっています。理科の授業と算数の授業では、まったく違う顔を見せることもあるでしょう。理科の授業に限ってみても、日によって変化します。友達とうまくいってないときは、授業にも気が乗りません。家庭でごたごたがあれば、授業どころではないでしょう。子どもたちはそれぞれに履歴をもって、教室という空間に集まっています。出発点も履歴もそれぞれに異なる子どもたちを、教師は見ているのです。

授業を通して、様々に揺れ動く子どもの心に添いながら、子どもを深く理解していくこと、これこそが評価の本質です。子どもが何を思い、何を考え、仲間とどのように心をつなごうとしているか、それを丁寧に見ようとすることこそが、評価なのです。そこには、AとかCとかの区別はありません。どこまでも子どもの心に近づき、子どもの心の側に立とうとするだけです。子どもの本質をもっと知ろうとする意味で、「理解」よりも「諒解」という言葉がふさわしいかもしれません。

教師と子どもが共に同じ方向を向き、対象との一体化を試みる「同行者」になることが、子どもへの「諒解」です。そのためには、あたかも夜の海を照らす灯台の明かりのように、子どもを見る教師の視点が必要になってきます。

(2) どのように子どもを見るか

では、どのような視点で子どもを見れば、指導と一体化した評価ができるのでしょうか。次のような視点が挙げられます。

①子どもが事象に問題を見いだしているか。
→問題が生まれるような事象を提示しなければならない。
②子どもが事象を丁寧に見ているか。事象と事象との関係性を見ようとしているか。
→事象の間に関係的なものが見え隠れするかどうか、検討しなければならない。

③子どもが自分たちで実験の方法を工夫し、自分たちで解決しようとしているか。
↓子どもの自由な試行が可能であるようにしなければならない。
④ノート整理にその子らしさが出ているか。
↓子どもが自由な考えを表出することを応援し、認めていかなければならない。
⑤子どもが実感を伴う経験をしているか。
↓フィールドワークや、五感を使った体験学習を重視したものでなければならない。

私たち教師は、ただ漠然と授業を行うのでは子どもを見ることができません。見ているようで、実は何も見えていないのです。

評価規準という視点を胸にもち、数人の子どもに焦点を当てることから始めるとよいでしょう。その子に当てた明かりが反射して、同時に周りの子も見えてくるような授業が理想です。すべての子を見ようとすることは、結果的に誰も見ないことにつながる恐れがあるのです。そのために、私はよく4人ほどの子どもたちを心に留めておくようにしていました。そして、その子たちには次のようなことを行っていました。

・一回は発言できるように、手を挙げていれば当てること。
・もし手を挙げる機会がなければ指名すること。
・ノートを書く時間を確保すること。そして、その場で書かれた内容に共感すること。
・一回は何らかの形でかかわり、認めてあげること。
・後で記録をとっておくこと。

授業で活躍する子は、このような手立てを取らなくても十分に存在を主張できます。しかし、控えめな子はどうしても私の視界から見えなくなってしまうことがあります。それを避けるために、控えめな子どもにこそ光を発してもらい、周囲を見る手がかりにしたいと思っていたのです。

(3) 学力は優劣ではなく「個性」

そうはいっても、教師には「評定」をつけることが求められます。これは、普段の授業における記録などをもとに判断します。もちろん、テストも客観的な判断材料になるでしょう。子ども自身も納得がいくものにしなければなりません。

しかし、評定という作業は、それぞれの子どもがもっているよさをないがしろにするのではなく、「違い」を顕在化するという作業でもあります。その子が、ある観点で見ればどの段階にいるのか、という見極めをつけることも必要です。学級のすべての子が3になるはずがないのです。努力すれば全員3になるということもありえません。決して序列ではなく、その違いを「個性」として見るという思想をもつことが重要だと、私は考えています。

当然、学力の低い子はいるのです。けれども、その優劣がそのまま人格を示すわけではありません。近視の人が眼鏡をかけるのと同じで、学力の十分でない子が理解できるような工夫をすることが大切なのです。

(4)「目に見えない力」を評価する

発言やノート、ましてやテストからではとらえられない力があります。観点別評価で言えば、「主体的に取り組む態度」に該当するでしょう。この「目に見えない力」を評価するためには、子どもをよく見て、子どもの心の状態をとらえる必要があるのです。

3年生の理科の授業を例にしてみましょう。

教師は子どもたちに虫の鳴き声の音源を聞かせました。子どもたちはすぐに「コオロギだ！」と叫び、家の近くで夜にコオロギが鳴いていたことなどを口々に話し出しました。教師の用意した鳴き声によって、コオロギへの興味をもった子どもたちは、次の時間、みんなでコオロギを採りに行くことになりました。そしてしばらく、コオロギを自分たちで育てて、実際の鳴き声を聞いてみようと考えたのです。

次の日、子どもたちは長ズボンを用意し、網や虫かごをもって登校してきました。どの子もコオロギを捕まえるのが楽しみで仕方ない様子です。特に、虫好きの男の子たちは、理科の時間が待ち切れずに朝から図鑑を眺めています。コオロギにはいろいろな種類がいて、鳴き声が全部違うことまで調べている子もいました。

「コオロギさん、どんなところにいるのかな」という教師の問いかけをきっかけに、子どもたちは自分の経験を出し合いました。「草の生えていた場所から鳴き声が聞こえたよ」「校庭の隅に行けばきっと見つかるよ」という子もいます。教師は前もってコオロギが潜んでいそうな場所を調べ、そこに子どもたちを連れていきました。虫かごはグループ４人に一つ、グループの誰かが捕まえたらその中に入れるようにします。

目的地に着き、「さあ、ここで自由に探してごらん」と合図すると、子どもたちは草むらにどんどん分け入っていきます。すると、草の茂みの下からぴょんぴょんとコオロギが飛び出してきました。エンマコオロギです。エンマコオロギだけでなく、オカメコオロギやミツカドコオロギ、ツヅレサセコオロギなども、子どもたちは次々と見つけていきます。しかし、子どもたちはまだその違いに気づいていません。バッタやカマキリも見つけて、次々に虫かごに入れていきます。

ところが、コオロギを見つけると「きゃっ」と驚き、「ゴキブリ！」と逃げていく女の子もいます。コオロギを見つけても捕まえることができない子も多いです。手でつかんだときに、指の間でうごめく様子に恐怖を感じるのでしょう。

コオロギを捕まえるとき、虫かごを４人に一つにしたのには、実は意味があります。グループで捕まえるようにしておけば、たとえコオロギに抵抗がある子がいても、虫好きの子がカバーしてくれるでしょう。「大丈夫だよ、ほらっ」と言いながら、そっと手に持たせようとしてくれる男の子もいるでしょう。だんだんと各グループの虫かごがいっぱいになってきたところで、教室に戻りました。

では、この授業を通して、子どもの「目に見えない力」をどう評価すればよいのでしょうか。

Sさんはしっかりした子で、自分が納得するまで妥協しないところがあります。少し男勝りの女の子ですが、コオロギが苦手でした。この子にとって大切なのは、一見乱暴だった男の子の「やさしさ」を受け入れることができるか、そうっと手にコオロギをのせてくれた男の子の気持ちがわかるかどうかではないでしょうか。これが、Sさんの授業の目標になるのです。

Mくんは、理解力に富む子ですが、細やかな心配りにかけるところがあります。コオロギを捕まえるのは好きですが、お世話をするのは面倒くさがります。そんなMくんに、教師が「すごいね。どうやって捕まえたの」と声を掛けると、Mくんは話し始めます。コオロギを捕まえたときのことを、仲間に向かって表現できるようになることがMくんの目標です。Mくんは仲間とかかわることで、他者の目をもつことになるでしょう。そこにMくんの「やさしさ」が育つ場が生まれるのです。

現実には、一人一人の子どもを授業中にとらえることは難しいでしょう。大切なのは、教師の自覚であり、授業観です。どれだけ子どもの心に添って理解しようとしているかという教師のまなざしなのです。

第6章 日本の教育はどこに向かうか

日本の子どもは果たして「幸せ」でしょうか。思いつくだけでも、受験の重圧、いじめ、学びからの逃走、不登校、虐待、貧困、将来への不安……。連日報道されるこれらの問題に対して、諦めと無力感さえ漂っています。日本の教育はどこに向かっているのでしょう。私たちは何ができるのでしょうか。

1　教室で何が起こっているのか

学校の中で、家庭の中で、自分の居場所がないと感じている子どもがたくさんいます。今の子どもの置かれている状況は悲惨です。

大阪のある先生がこんな話をしてくれました。

新年度が始まると、保護者が担任の先生に、「自分の子どもを褒めないでくれ」とお願いすることがあるそうです。私は最初、その意味がわかりませんでした。なぜそんなことをお願いするのでしょうか。

その保護者は、「自分の子どもが褒められると必ずいじめにあう」と言うのです。教師から褒められて目立ってしまうといじめの標的になる、というわけです。

これを聞いて、私は耳を疑いました。このような現実がどこにでもあるというのです。日本は、もうどうなっているのかと途方に暮れてしまいます。

インターンシップに行っている学生から、次のような現場の報告が届きました。

担任の先生は（一年生というのもあるが）とにかく同時に、一斉に授業を進めていきます。例えば授業が始まっても、全員が筆箱、ノート、教科書が机の上に揃っていないと、さらに右上にまとまっていないと授業を始めません。

子どもたちも慣れ始めてくると担任が指示する前に、先に先に行動します。子どもが自分で考えて、先のことを予測しながら進めることは悪いことではないのですが、担任の先生はそれを叱ります。つまり、まだ指示を出していないのだから勝手にするなと叱りつけるのです。もちろん一年生のクラスだから、一人一人が思い思いに動かれると大変ですが、不自然なくらい、みんなが同時に、同じスピードで授業を受けるのです。

逸脱してしまうような子どもも、いわゆる優等生も、見過ごされがちなその中間層の子どもも公平に扱うべきだと私も思います。全員と平等に接する、逆にいうと誰か特定の子どもに偏ってはいけないとも思います。しかし、授業になると、逸脱している子がしっかり準備ができていないと授業が始まらないので、そのたびにその子に注目が集まることになります。その子への指導が当然多くなってしまいます。

できない子に全体を合わせないと、できる子とそうでない子の差がどんどん開いてしまい、公平性が保てません。公平な授業の前提には、不公平があるのです。この公平性が抱える矛盾について、何が正しいのかは私自身正直わかりません。

逸脱する子ばかりに付き添うと、周りの子も嫉妬します。かといって、逸脱する子への指導を最低限にして、自然とドロップアウトするのを見過ごすのも違います。一人の教師が三十数人の子どもを相手している時点で、本当の意味で公平に扱うのは無理なのでしょう。

公平性をはき違えた授業。この報告から察するに、およそまともな教室とは思えません。もしこれが現実であるならば、子どもが不幸になるとしか言いようがないでしょう。

いじめ、不登校、学級崩壊など、教育の現場にある問題に目を向けないで、どうして「学力、学力」と相も変わらず騒いでいるのでしょうか。

その学力にしても、剥がれ落ちてしまう知識を対象にしているのが現状です。わかればいい、テストで点がとれればいいという底の浅い学力観に支配されています。

先に述べたように、成長とは目に見えないものが見えてくることなのです。テストで点がとれるかどうかだけで、子どもの成長を見取れるはずがありません。

2 「知」と「情」が一体化した教育を

「はじめに」でも触れた「くだかけ会」による自然観察会では、老若男女が集い、里山の中で様々な発見を楽しんでいます。ある日、この自然観察会でセンニンソウを見つけました。綿毛が仙人のひげのような形をしているため、仙人草と名づけられた植物です。この綿毛をよく見た後、私が自宅からもってきたガガイモの綿毛も見てもらいました。プラスチックの容器から、その綿毛を取り出そうとしたとき、フワリと空に舞い上がっていきました。ガガイモの綿毛は毛の部分が長いため、風がなくても飛んでいこうとします。その様子を見た参加者はみな驚き、綿毛の行方を目で追っていきます。子どもは手を伸ばして綿毛を捕まえようとしました。それがまた楽しくて、私は綿毛に向かって、「逃げろー」と呼びかけていました。

この写真は和田重良先生が撮ってくださったものです。みなが夢中になって綿毛の行方を追いかけています。気持ちが一つになっている感覚がここにあります。

綿毛というものの「いのち」に直接かかわっていると、大切にしたいものが実感できるのです。こんなに飛ぶのだという驚き。白い大きな綿毛の美しさへの感動。そして、どうしてこのような綿毛が存在するのかという不思議。この場にいた全員の心が一つに溶け合っていくのを感じました。

授業でも同じような一体感が生まれる瞬間があります。子どもたちが夢中になっているとき、教室にこの一体感が現れるのです。

このような瞬間は、教師にとっても子どもにとっても、至福の時間だと思えてなりません。

歌人の俵万智さんのツイッターに、次のような投稿がありました。

宿題を少しやっては「疲れたー」と投げ出す息子。「遊んでいるときは全然疲れないのにね」とイヤミを言ったら、「集中は疲れるけど、夢中は疲れないんだよ」と言い返されました。

一生懸命に綿毛を目で追っていた人たちは、「夢中」になっていたのです。純粋に面白さや不思議さを感じている状態は、「情」が活性化されています。だから楽しいのです。

「情」と離れて「知」が存在することはなく、「知」が一人歩きすることも、本来はないのかもしれません。

「知」と「情」は不即不離の関係にありながら、いつしか「知」に「情」が付随することがなくなっていきました。全国学力・学習状況調査（以下、「学力調査」）の点数を上げることがまるで教師に課せられた義務であるかのように、教室ではひたすらドリルが繰り返され、テストに慣れる時間が多くなっていると聞きます。この愚かさに気づいていない、いや、気づいていても流されてしまう現場のありようを、そして「知」と「情」の一体化の価値に気づいていない教育の現状を、私は悲しく思うのです。

3 「学校学」のすすめ

「学校学」とは私の造語です。学校は、本来子どもの「幸せ」のために存在するものなのに、多くの子どもにとってそのような場所として機能していない現実があります。「学校学」とは、そのような行き詰まった学校を、真に子どもの「幸せ」のために機能するような場所に変えていきたいと願う、私からの提案です。

体系だったものもなければ、「学校学」そのものがどのように役立つのかも全くわかりません。ただ、学校で何ができるかを考えるきっかけになれば、そのうち「学校学」の姿が見えてくるような気がしています。

私は、次に挙げる五つの「学校学」を提案します。

（1）「朝の語らい」のすすめ

もちろん朝の会や読書タイムが悪いわけではないのですが、朝の10分間で、先生とほんの少し「語らう」時間をとりたいのです。例えば、次のような内容で語らうことができればよいと思います。

①教師が具体物を持ってきて、それを話題にする。
②子どもが通学の途中で見つけてきたもの、家からもってきたものなどを話題にする。
③子どもの日記を紹介するなどして、子どもの発見を共有する。
④子どもが話題を提案する。
⑤24節気など、「きょうは何の日」を話題にする。
⑥授業内容の発展的な話題にふれる。
⑦子どもにも知ってほしいようなニュースを話題にする。
⑧最近読んだ本で子どもにも紹介したいことを話題にする。
雑学のようなちょっとしたネタをもとに、教師と子どもが語らう時間があるといいなと思います。人は語らうことに寄ってつながることができるからです。先生と子どもた

ちの心のつながりの起点として、この「朝の語らい」を提案したいのです。

(2)「子どもへの信頼」のすすめ

「子どもに任せる授業」の可能性を探りたいという思いがあります。単元のどこでどのように任せる授業ができるかを教師が考えるとよいでしょう。子どもは、自分たちに任せられた授業を何回か繰り返すことで、「自由に発想していいんだ」と考えるようになります。そして、「自由に発想することはいいことだ」と感じるようになり、次第に「自由に発想すべきなんだ」という考えが醸成されていくのです。

このような授業をするためには、子どもがどのように考えるのかを教師が鋭く洞察しなければなりません。そして教材の準備を整えておくことも必要になるでしょう。失敗もOK、それを笑い合える楽しさが求められます。やってみなければわからないというワクワク感はきっと子どもを夢中にさせるでしょう。

子どもを信頼して思い切って任せる授業を、どこかで組んでみたいものです。

（３）「遊び心」のすすめ

６年生を受け持っていたとき、ある子が窓際の水槽に次のようなしかけをしました。生き物係の子です。お昼頃、水槽に画用紙を貼ると、魚が泳ぐ様子が影になって映るのが面白いと言うのです。生き物係としての「遊び心」でした。

給食を食べながら、この遊び心に満ちた試みをみんなで楽しんだのでした。学級で、このような遊び心が次々と生まれるようであれば、学校生活はどれほど楽しくなるか、と私は思います。

（４）「感動の追究」のすすめ

言うなれば、「センス・オブ・ワンダー」が発揮される場面をどこに入れ込むかということです。子ども

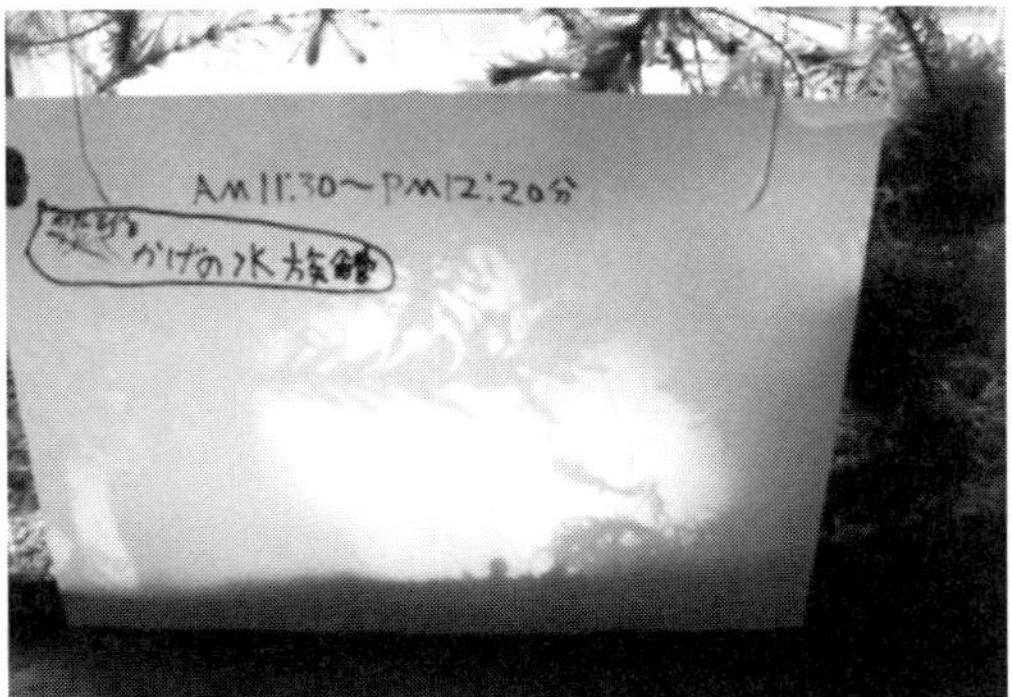

はどこで感動を味わうだろう、何を面白いと思ってくれるだろう、という教師の追究は、授業を違った視点で工夫することにつながるのではないか、と考えます。

教材は子どもにとって新しい出会いです。その出会いの演出を教師が企画し、実行するのです。授業が面白くなるかどうかは、教師が面白いと思うかどうかにかかっています。

(5)「多様性の受容」のすすめ

言うまでもなく、学力で子どもの人格を測ってはいけません。当たり前のことであっても、教師は肝に銘じておくべきです。2016年7月に起こった相模原障害者施設殺傷事件※は、教育の敗北です。犯人はどこでどのような優生思想をもつようになったのか、無念でなりません。

私は、受験に代表される競争社会の負の面が、できるだけ学校生活の表に出ないようにしたいのです。その意味で、学力調査などすぐにやめるべきです。

ある地方の小学校に赴任した校長先生から伺った話です。赴任して早々、行政の関係の人から、「この学校の学力は県で下から数えて〇番目なんです。何とかしてください」と言われたそうです。順番を付ける以上、どんなに頑張っても最下位になる学校が存在することに気が付かないのでしょうか。校長先生は、だからと言ってテストの点数を上げるための勉強を先生方に求めませんでした。むしろ子どもたちが学校に来ることが楽しくなるような授業をしてください、と話したそうです。そうすれば、結果的に力もつくはずだからと。さすがだなあと思いました。

どの学級にも、不器用な子が必ずいます。学力が低い子もいます。そんな理由でいたたまれなくなるような学級にしてはならないのです。

様々な個性をもった子がそれぞれに生かされるような学級を実現したいのです。

※知的障害者福祉施設「津久井やまゆり園」に、元職員の男が侵入し、刃物で入所者19人を殺害、入所者と職員計26人に重軽傷を負わせた事件。

4　学力調査が奪うもの

そのように考えていくと、学力調査の負の面がますます浮かび上がってくるような気がしてなりません。

ある市の「議会だより」に次のような議員の質問が載っていました。おそらくどこの町や市でも似たような質問があり、教育長が答弁するという図式があるのでしょう。教育委員会から各学校に伝達され、少しでも学力調査の結果が他の町や市よりも上位に入るよう発破をかけるのです。そのことがどれだけ学校現場を委縮させ、教師に負担を強いているかわからないままに。

平成29年度の本市の小中学校における学力調査の結果は、国語、算数、数学ともに全国・県平均に比べて低い。本市教育委員会はこの結果について、平均正答率のプラスマイナス5パーセント以内であるので全国平均と同程度であると説明している。しかし、国語の「漢字を書く」や、算数・数学の四則計算は平均正答率を10ポイント以上下回っている。教育委員会として、本市の全小中学校の学力向上策を策定し、全校で実施する考えはないか。（神奈川県M市『議会だより』から）

それに対する教育長の答えは、「この結果を分析し」、「平成30年度から国語と算数の（市独自の）総合学力調査を実施する」ということです。

現場に長くいた人間として、憤りとともに、悲しさ、虚しさの入り混じった感情が渦巻きました。学力が低い理由をすべて学校や教員の指導の在り方に収斂させ、教員のみならず子どもたちも、点数を上げるための競争に向かわせてしまうということに全く考えが及んでいないのです。

これは実際に聞いた話です。ある市では、5年生の2学期までに内容をすべて終わらせ、3学期はひたすらテスト勉強をするそうです。6年生の初めに行われる学力調査に向けて、毎日練習を繰り返すというのです。

子どもが犠牲になっている現状に対して、想像力が欠如していると言わざるを得ません。また、教師の仕事が、ひたすら似たような問題の解法を教えるだけの虚しいものになっていること、それに疑問を抱かないのも恐ろしいことです。

子どもの笑顔が弾ける学校づくりの実現に向けて、行政の在り方を真剣に考える市会議員の登場を願ってやみません。

5 「最大限の可能性を発揮する場」としての学校

(1) マララさんのスピーチから

2014年に史上最年少の17歳でノーベル平和賞を受賞したマララ・ユスフザイさん。マララさんが2013年に国連で行ったスピーチに、次のような一節があります。

1人の子ども、1人の教師、1冊の本、そして1本のペン、それで世界を変えられます。教育こそがただ一つの解決策です。エデュケーション・ファースト。

One child, one teacher, one book and one pen can change the world.
Education is the only solution.
Education First.

貧困、テロ、無知や差別を克服していくために、教育は欠かせないという切実な訴えに心打たれます。また、世界中の女性に向けて「最大限の可能性」を発揮してほしいというメッセージを送っています。

彼女の言葉を借りるのならば、教育は人間が「最大限の可能性」を発揮するための唯一の手段なのです。

日本の教育はどうでしょうか。あたかも貨幣のように、教育が成功への手段とみなされていないでしょうか。資質・能力を他人よりも多く身につけることで有利になるという幻想が、教育をゆがめているのではないかと思えてなりません。

（2）教育システムの矛盾

田中智志氏は、その著書『他者の喪失から感受へ――近代の教育装置を超えて――』（勁草書房、2002）の中で、ルーマン＝ショルの言葉を引用しながら次のように述べています。

教育システムが一方で、有用性を重視する機能システムとして、成績・学歴による子どもたちを選別し、自他を比較する「虚栄心」をあおりたてながら、他方で、人間学的なヒューマニズムに支えられて「人間形成」「発達援助」をめざし、「信頼」「友情」を育もうとしたからである。つまり、教育システムは、子どもたちに「たえず相手を蹴落とす競争」をさせながら、「みんなで高め合う共同体」を創り出そうとしてきたからである。

教育システムの矛盾を指摘しているのです。日本では、この矛盾に耐えきれずに、教育に意義を見いだすことを諦めた子どもや、教育によって悲しい思いをしている子どもが無数にいるという現実がはっきりと露呈しています。

大学での「教職原論」の授業で、「日本の教育を考える」というテーマでスピーチをしてもらいました。この学生のスピーチから、自分自身が受けてきた教育を振り返り、その矛盾を感じていることが痛いほど伝わってきます。

日本で夢や目的を明確にもって生きている若者はどれくらいいると思いますか。この早稲田大学の学生でも、やりたいことや自分の将来をしっかり見据えて入学してきた人だけではないでしょう。むしろ、長い勉強尽くしの日々や受験戦争の中で、与えられた課題やテストに追われているうちに、自ら考えることを停止してしまった人が多いように思います。受験での競争に勝つために、日々朝から学校、放課後は補習、夜は遅くまで塾といったように、人生においてもっとも貴重といえる学生時代の自由を拘束され、睡眠時間を奪われ、苦しめられている子どもたちが日本にはたくさんいます。そして偏差値やブランドに憧れて入った大学、単位をとれれば卒業ができ、何となく就職…気がつけば立派な社会人ですが、自分が一体何者なのか、何がしたいのかわからない。そのような夢や目的のない人間は、社会にとっても「使えない人間」です。今の日本は海外からみても使えない人間だらけです。

そして、この環境を作り出しているのは、まさしく「教育」なのです。その大きな原因として、子どもたちに考える暇すら与えない激しい競争や、さまざまな格差が挙げられます。(以下、略)

(3)「生きる喜び」を子どもたちに

大学では、「自然学のすすめ」という授業をやってきました。化石や鉱物、酸素の発生、飛ぶ種、火と空気などの地球史を視野に入れ、地学と生物を合わせたような、私のオリジナル授業です。

「自然学のすすめ」の授業はオープン科目なので、他学部の学生が主に受講しています。これまで文系一筋だった学生がほとんどです。中学校、高等学校のどこかで理系を諦めたものの、本当は理科も好きだったという学生が、もう一度理科の勉強をしてみたいと受講してくれたようです。

最終レポートとして、ある学生が次のようなレポートを書いてくれました。驚きました。そして、改めて私自身、このような理科を目指していたのだという気づきを与えられました。教育にとって大切なことを教えられたような気がしたのです。

「わくわくすること」と「驚くこと」について

早稲田大学国際教養学部4年　H・T

プラトン曰く、人間の魂はその昔、翼をもっていました。翼をもつ魂は天界というところに生きていて、彼らはみな美しく、善なる感性と知性をもちあわせていました。ところが、あるきっかけで魂は翼を失くしてしまいます。翼を失くすそのときに、魂は美しさや善なる感性と知性もともに失くしてしまいます。こうして、私たちは地球の上で「正義」や「節制」、「知識」に欠けた生きものとして存在しているのだそうです。

しかし、ひとつだけ失くしていないものがあります。「美しいもの」に惹かれることです。魂はかつて、天界において「美しいもの」を目の当たりにしました。そしてそれがあまりに輝かしいものだったから、魂は強く焦がれ、地に墜ちてなお、わけも知らずに「美しいもの」を愛でつづけています。

そういうわけで、ぼくは直感という感性を好んでいます。「美しいもの」を愛でることと同じように、理由は分からないけれどとにかく惹かれてやまないということには、きっと大事な理由と意味がある。露木先生の授業もそうでした。新しいことを見たり、知ったりすることに、ぼくはわけも分からず興奮しっぱなしでした。露木先生は「わくわくすること」と「驚くこと」の大切さを伝えようとなさっている。最初の授業でそう感じて以来、ぼくは大人びた慎みや羞恥心は捨てて、素直にわくわくし、驚きながら授業に参加するよう意識してきました。その結果、授業を通して科学の知識も身につきました。けれど、もっとも大きな収穫は「わくわくすること」と「驚くこと」を忘れてはいけないという、露木先生のメッセージでした。

まだ4歳の男の子がぼくの親戚にいます。ある日、泥まみれになって幼稚園から帰ってきた彼の服を、洗濯機に入れ、日向に干し、たたもうとしたときでした。彼のズボンのポケットからひとつだけ、どんぐりが出てきたのです。床にころがるどんぐりを見たときに、ぼくは思わずびっくりしてしまいました。どうしてどんぐりなんてポケットに入れてきたのだろう。きっと彼はどんぐりを見てわくわくしたのです。これはいったい何なのか、どこからやってくるのか。表面は漆が塗られたみたいに光り輝いて、形状は今まで手にしてきたどの玩具よりも、はるかに自然で美しい。こんなにも美しいものを見たことがないのだから、彼は「わくわくすること」と「驚くこと」の感性を最大限に発揮して、ひとつのどんぐりを宝物にしてしまったのです。メーテルリンクの『青い鳥』ではありませんが、退屈な心も踊ってしまうような宝物はすぐ傍らにあるのでしょう。しかし、それを見つけるためには、「わくわくすること」と「驚くこと」を決して忘れてはいけない。

大人になると中途半端な知識と経験が、「わくわくすること」と「驚くこと」の感性を殺してしまっていけません。もっとシンプルに、もっと素直にと気をつけながら、ぼくは学生として残された時間を消化してきました。その折に露木先生の授業を受けられたことはとてもうれしかったです。社会人として毎日てんてこ舞いなときも、傍らにある宝物を見つけられるよう、「わくわくすること」と「驚くこと」を大切にしていきます。短い間でしたが、貴重な時間をありがとうございました。


知性に満ちたこのTさんの感想文を読んで、教育で大切にすべきことは、「人間って素晴らしい存在なんだ」と自覚できるようにすることなのだと感じました。

目に見えないものを見ようとして、この世の中がつながりで成り立っていることに気づくこと、ワクワクしたり驚いたりしながら、「生きる喜び」を経験していくこと、これらを通して初めて「人間って素晴らしい存在なんだ」という自覚が芽生えるのです。

あまりにも大人は、子どもの「生きる喜び」の場を奪ってきました。子どものためと言いながら、実は、大人や社会にとって都合のいい人間に育てようとしたのではないか、そんなことさえ考えるのです。

おわりに

小学校の教師を37年間勤めた後、早稲田大学で10年間、将来小学校の教師を目指す学生さんと授業をしてきました。その間、多くの学校で出前授業や講演をさせていただきました。小学校の現場で働いているときとはまた違った目で教育の現場を見るようになったと感じています。

早稲田大学に初等教育学専攻が誕生して11年になります。私のゼミからも、多くの小学校の先生が巣立ち、早稲田ブランドが全く通用しない世界に飛び込んで悪戦苦闘しています。

私の好きな若山牧水の歌に、次のようなものがあります。日本のどこの地方にもあった風景です。

山かげは 日暮はやきに 学校の まだ終らぬか 本読む声す

このような誠実な教師によって、子どもたちの学びが支えられてきたのだという思いがあります。私もそうでしたが、教師はみな一生懸命なのです。教師は目の前の子どもが楽しんでいるか、目の前の子どもが成長しているか、それだけを考えていきたいのです。

しかしながら、教育の世界、教師を取り巻く世界はますます閉塞感が漂っています。教職から「逃げていく」学生が多くなっているのです。

センス・オブ・ワンダーをすべての子どもたちに

本書のカバー写真「アオスジアゲハの青」は、以前、SSTA（ソニー科学教育研究会）の会報誌の表紙に掲載させていただいたものです。

5月のある日、朝から暖かな陽が射していました。自宅の近くにある畑のネギ畑に来ると、アオスジアゲハが4、5頭飛び交っていました。花から花へ、トトン、トトンと飛んでいき、同じ場所に長居はしません。すぐに違う花に行ってしまいます。その軽快に飛ぶ様子をファインダー越しに見ていました。

アオスジアゲハのあの青い翅はどのように生まれたのでしょう。空の青に似せようとしたのでしょうか。それともそのまま空の青になりたかったのでしょうか。

そんなことを考えながら撮影していると、いつの間にか私自身、アオスジアゲハと一緒になってこの場所で遊んでいるような気がしていました。

私は、たしかに対象としてのアオスジアゲハを見ています。しかし、いつしかアオスジアゲハの中に入っているという感覚です。

画家の熊田千佳慕さんの「私は虫である。虫は私である」という言葉を、まさに体感していたのです。「私はアオスジアゲハである。アオスジアゲハは私である」という一

体感です。

学生時代、たびたび似たような経験をしたことがありました。今でも鮮やかに記憶に残っているのは、カエルの採集に奄美大島に行ったときのことです。夜、谷川沿いを歩いていていると、ちょっとした滝つぼのような場所に、イシカワガエル、ハナサキガエルなどの珍しいカエルがいました。懐中電灯に照らされて喉をひくひくさせながら鳴いているこれらのカエルを見ながら、自分がこの場所にいることに対する不思議な感覚に襲われました。そして、この場所で人知れず鳴いているカエルの存在になぜか感動したのでした。

私という存在にはこれまでの履歴があり、カエルにも同じように履歴があるからこそ、今こうやって出会えたという感覚です。

この感覚こそ「センス・オブ・ワンダー」であると、私は感じました。

センス・オブ・ワンダーについて、生物学者の福岡伸一さんは次のように書いていいます。

心臓の鼓動がセミしぐれの声に、吐いた白い息が冷たい空気の中に、あふれた涙がにじんだ夕日に溶けていくことを感じる心がセンス・オブ・ワンダーである。それは大人になってもその人を支えつづける。私の好きな高野公彦に次の歌がある。

〈青春はみづきの下をかよふ風あるいは遠い線路のかがやき〉

（福岡伸一「動的平衡」朝日新聞連載2017年7月29日）

ハナミズキの木の下を風が通り抜ける、また月の明かりで線路がずっと遠くまで光っている、それを「感じる」ことのできる感性がセンス・オブ・ワンダーなのです。けれども、いかに身近であっても、どれだけ難しいことか。

レイチェル・カーソン女史の『センス・オブ・ワンダー』にも、次のようなことが書かれています。

もし、八月の朝、海辺に渡ってきたイソシギを見た子どもが、鳥の渡りについてすこしでも不思議に思ってわたしになにか質問をしてきたとしたら、その子が単に、イソシギとチドリの区別ができるということより、わたしにとってどれほどうれしいことかわかりません。
「イソシギとチドリの区別ができること」の方を学校では大切にしているように思えて仕方がありません。そうではなく、何千キロも渡ってくる鳥のすごさや不思議さに心寄せることの方がはるかに大切なことだと、カーソン女史は言っているのです。

「不思議さに驚き、感動する」ことがあれば、子どもはきっと学校を楽しいと感じるに違いありません。子どもが夢中になるような授業をすれば、結果として資質・能力は育つのです。現状は、資質・能力の育成を目的として、「学力調査」によって子どもを序列化し、そして毎日そのための「訓練」を受けさせるような学校生活です。どうして子どもが楽しいと感じるでしょう。

私たち教師にできることは、何でもないありふれた日

常を見つめ直すことなのかもしれません。どこかで舵をきらなければならないという切実な思いを抱いています。

教師の仕事を根本から見直していきたいと思っているのです。

教師という仕事を選んだあなたへ

長崎大学医学部創設者であるポンペ・ファン・メールデルフォールトは「医師は自らの天職をよく承知していなければならぬ。ひとたびこの職務を選んだ以上、もはや医師は自分自身のものではなく、病める人のものである。もしそれを好まぬなら、他の職業を選ぶがよい」という言葉を残しています。この言葉は長崎大学医学部を卒業していく学生に代々伝えられているそうです。ポンペ先生の言葉の「医師」は「教師」に置き換えられると、私は思います。教師はどんなに大変であっても、もはや自分自身のものではない、子どもの成長のためのものです。その覚悟をもつことで、限りない子どもの成長を喜びとして受け入れることができるのです。

朝、教室に入って窓を開けたとき、爽やかな風が吹き抜け、白いカーテンが膨らむ。教師の仕事は、そんなありふれた毎日の中にあります。子どもの成長を喜び、共に成長していくことのできる教師の姿を想います。そして、そのことがどれほどありがたいことか、心から感じ取れる感性を磨いていきたいのです。

教師を取り巻く環境がどのようなものであれ、大切なものを守っていく覚悟があれば、きっと状況は打開できます。子どもたちにセンス・オブ・ワンダーを伝えてほしいと思うのです。

本書は、これまでの実践をもとに私の考えをまとめたものです。まだまだ書き足りないこともたくさんありますが、一つの区切りにしたいと思います。

東洋館出版社の上野絵美さんには、絶大なるご支援をいただきました。上野さんの応援がなければ絶対に生まれなかった本です。そして、東洋館出版社様からこのような声掛けをいただいたことに大きな喜びと感謝の気持ちでいっぱいです。

妻の大きな病気、介護のための引っ越しなど、生活面でも大きな変化があったここ数年でした。何とか妻が元気になり応援してくれたことも私の支えになりました。妻に感謝です。また、この本に登場してくれた子どもたち、学生さんたちにも感謝します。ありがとうございました。

２０１９年　４月吉日

令和元年に向けた静かな朝に　　露木　和男

著者紹介

露木和男（つゆき　かずお）

早稲田大学教育・総合科学学術院教授

1949年、福岡県生まれ。福岡教育大学小学校理科課程卒業後、神奈川県足柄上郡開成小学校、上大井小学校を経て、1985年より24年間、筑波大学附属小学校に勤務。

現在は、小学校の教師を目指す大学生に理科の面白さ、自然観察の楽しさを伝えている。2016年秋学期早稲田大学ティーチングアワード総長賞受賞。

神奈川県自然観察指導員として、毎年、市民を対象に自然観察会を開催。野外での実験教室に特化した「早稲田こどもフィールドサイエンス」の活動として、実際に子どもたちと触れ合う機会も多い。また、全国各地に出向き、理科の出前授業や講演活動を行い、子どもたちが楽しむ理科の授業づくりを追究している。

全国の多くの仲間に向けて、ほぼ毎日配信している「毎日の理科　その思想」は3400号を越える。

著書に、『小学校理科　授業の思想―授業者としての生き方を求めて―』（不昧堂出版）、『理科・一瞬の授業――瞬という切り口での理科授業改革―』（共著、不昧堂出版）、『フィールドサイエンスのすすめ―自然で学び、科学の好きな子に育てる―』（早稲田大学出版部）、『心の宇宙、そして授業―私の理科授業論―』（初教出版）など、多数。

※2020年3月、早稲田大学を定年退職。

「やさしさ」の教育

—センス・オブ・ワンダーを子どもたちに—

2019（令和元）年7月8日　初版第1刷発行
2025（令和7）年6月30日　初版第5刷発行

著　　者：露木和男
発 行 者：錦織圭之介
発 行 所：株式会社 東洋館出版社
〒101-0054　東京都千代田区神田錦町2丁目9番1号
コンフォール安田ビル2階
代　表　電話 03-6778-4343　FAX03-5281-8091
営業部　電話 03-6778-7278　FAX03-5281-8092
振替　00180-7-96823
URL　https://www.toyokan.co.jp
装　　丁：水戸部 功
本文デザイン：藤原印刷株式会社
写　　真：露木和男
印刷・製本：藤原印刷株式会社

ISBN978-4-491-03613-7　Printed in Japan